언론의 기초
The basics of Press

이윤영/ CJI 한국언론연구소 소장 지음

CJI 한국언론연구소

언론논술신서1
언론의 기초

2006년 4월 발행

2006년 4월 1쇄

지은이   이윤영

펴낸이   이윤영

펴낸곳   CJI 한국언론연구소

주소   400-102 인천광역시 중구 신흥2가 37-19

전화   032-762-9983, FAX : 032-762-9983

등록일자   2005년 9월5일

등록   제 349-2005-7 호

ⓒ CJI 한국언론연구소, 2005

▋독자의 의견을 기다립니다.

www.cjinstitue.org   webmaster@cjinstitue.org

ISBN 89-957886-1-5

정가 9,000원

대입논술□ ■언론핵심

논술교육의 핵 '언론' … 언론인은 '사기꾼' 인가?
편집권 예속 '검열 & 정부' 기업 광고 커넥션

'언론을 알아야 논술이 보인다'

언론의 기초
The basics of Press

이윤영/ CJI 한국언론연구소 소장 지음

CJI 한국언론연구소

이 책을 읽는 분에게…

　이 책은 언론에 대한 식견을 키우려는 일반인들 뿐 아니라, 요즘 언론관련 지식과 사고비중이 높은 대학입시 논술시험을 대비하려는 수험생들을 위해 만들어졌다.
　저자는 그간 신문사의 기자생활과 연구소를 운영해오면서 정치인, 공무원, 기업인 등 많은 다양한 사람들을 만나봤다. 또한 대학 등에서 6년 넘게 학생들과 같이 지내오면서, 사회변화를 정확히 예측하고 대학에서 쉽게 공부해 나가기 위해서는 인문학과 사회과학의 실천적인 지식일 수 있는 언론에 대한 어느 정도의 상식은 있어야겠다는 생각이 들었다.

　따라서 저자는 현직경험과 인문과학, 사회과학 등의 기반 위에서 논술의 가장 큰 핵심이라 할 수 있는 언론을 조심스럽게 짚어보고, 연구해 보게 됐다. 저자는 이 책의 주된 독자층을 언론학도와 언론학자에게만 국한시키지 않으려 했다. 언론의 기초를 잘 모르는 대입 수험생을 포함해서 누구에게나 쉽게 읽을 수 있고, 생각할 수 있게 집필하려고 노력했다.

논술한다는 것은 사실 글쓴이의 관점, 논조, 세계관 등이 반영되는 것이라서 신문의 칼럼이나 사설, 의견기사, 해설기사 등이 언어학에서 '글쓰기' 보다는 논술에 더 가깝다고 생각된다.

이 책의 가장 큰 특징은 단지 이론적인 것만을 앞세우지 않은, 실제적인 경험이 반영된 것이라고 할 수 있다.

언론의 기초와 논술은 책상위에서 완성될 수 없는 것이기에 현실과 부딪친 살아있는 지식이 창조적인 글쓰기와 연결될 수 있다고 생각된다. 그리고 더 나아가 단지 글쓰기 기술만이 아닌 여러 다양한 사고를 할 수 있도록 언론에 대해 잘못 알려진 생각을 바로 잡아야 한다고 보았다.

한마디로, 언론의 한 분야일 수 있는 논술에서 가장 중요한 '비판적인 사고'를 하도록 집필했다. 자본주의 사회에서 '언론한다'는 의미도 한번쯤 되새겨보고, 정보가 홍수처럼 솟구치고 범람하는 정보화 사회에서 생존하기 위한 필수서적으로 남기고 싶다.

이 책을 통해 알찬 학창생활과 미래를 예측할 수 있는 힘을 키우기를 바란다.

이 책은 내가 미흡하나마 처음으로 출판한 것이어서 애착이 많이 간다.

2006년 4월
CJI 한국언론연구소 소장 이윤영

언론환경 스케치

세상 돌아가는 이치를 안다는 현인(賢人)들. 고대나 중세시대였다면, 기본원리를 잘 알고 있는 철학자나 성직자들이 현인으로 여겨졌을지도 모른다. 그러나 요즘처럼 어디로 갈지 모르는 정보화 사회에서는 정치·경제영역이든, 교육영역이든 급속히 변화하는 미래의 방향과 시점을 잘 예측하고 분석할 줄 아는 분야마다의 '전문가'가 오늘날의 현인일 듯싶다.

언론의 출발점

아시다시피 언론사상의 출발점은 신의 메시지가 예전부터 교회의 설교에서 선포되어 전해진다고 생각해 왔다.

그런데 지금은 공간이 확대되어서 신문 보도기사 및 칼럼, 텔레비전, 광고 등의 미디어에서 전해질 수 있고, 이를 발견하려는 노력으로 언론학이 싹

터오게 된 것이다. 한마디로 기독교와 언론은 사상사적 측면에서 크게 관련 맺어 왔던 것이다. - 예전에 김수환 추기경도 미디어를 미국 광고전문가 토니 슈바르츠의 주장인 '제2의 신(神)' 이라고 인용하기도 했다.

혹자는 과거 신학과 철학이 지금의 언론학이라고 말하기도 한다. 그런데 이 같은 근거와 주장들은 결국 기독교사상에서 침묵해 왔던 것이다.

기독교가 많이 변화되고 있는 사회와 문화 속에서 '교회' 라는 곳에 안주하고 말았다.

이젠 기독교사상이 이에 대해 말해 주어야 한다. 교회가 박물관으로 들어가지 않기 위해서는 말이다.

그런데 이들 현인은 예전이나 지금이나 항해에서 이정표 없이 표류하는 배처럼 갈피를 잡지 못하는 언론에 등을 돌리고 실망감에 빠져있다. 이들은 단지 습관으로 가끔 언론을 접할 뿐이라고 말한다. 언론종사자들은 간혹 이 말에 좀 서운해 하거나, 부정하고 싶은 마음이 생길지도 모르겠지만 말이다.

현인들은 언론사들이 정부, 대기업과 첨예하게 싸우고 있어도 어느덧 이들로부터 마음이 떠나있다. 언젠가는 언론이 정부 등을 비판하는 척하다가 정부 등 측에서 주는 이득을 챙기고, 그들의 편에 서 있을 것이 뻔하다는 논리에서다. 언론사들은 항시 힘의 원천인 권력, 자본의 태양을 향하는 해바라기 언론임을 스스로 자처하며 소처럼 되새김질 한다.

오랫동안 언론사에서 일해 온 기자들조차 언론사의 수익을 위한 정부와 기업의 은밀한 광고커넥션으로 자신들이 지켜왔던 신념의 체계가 무너졌다고 아우성이다. 기자되기 전 아버지의 훈계어린 '언론인, 특히 진정한 기자는 파리(?) 목숨'이란 말을 듣고, 하지 말았어야 했다는 아쉬움도 무의식적으로 흘러 나온다. 기자생활을 마치고, 논설위원 자리로 옮겨 사측이 원하는 사설을 쓰려고 생각하니, 앞이 캄캄하며 못할 짓이라고 낙향한 이들도 있다.

매일같이 새로운 과학기술과 교육기법 등을 수익모델에 적용시킨 기업들이 유행처럼 우후죽순 생겨나고 있다. 그리고 신흥종교운동이 목소리를 높이며, 시민단체들의 대안적 성명이 발표되고 있다. 사상적 기류에서도 네오마르크시즘, 무정부주의, 후기구조주의 그리고 기술결정론 등이 판치고 있다.

이 마당에, 신념체계까지 무너뜨리는 구태의연한 광고수익모델로 미래정책의 대안과 사회의 정의로운 목탁이 되겠다며, 언론을 하겠다는 기관과 기업이 늘어나고 있다. 몇몇 언론사들을 제외하고는 그렇다고 해서 자본(돈)을 많이 벌어들이고 있는 것도 아니다. 폐간될 위기에 항상 직면해 있는 언론사도 부지기수다.

언론사의 주요 수익원인 광고의 파이는 한정돼 있다. 그런데 언론사는 기하급수적으로 늘어나고 있어 그만큼 생존을 위한 경쟁은 치열하다. 살아남기 위해서라도 견제하고 감시해야할 대상인 정부와 기업으로부터 광고받기가 이뤄질 수밖에 없어 이들을 무조건 비판하기보다 언론은 스스로 자신의 입을 재갈로 막는다.

결국 정의감에 불타야할 언론사는 정부의 잘못된 정책과 기업의 불미스러운 상도에 무릎을 꿇게 되는 어이없고 서글픈 일이 일어난다. 이는 진퇴양난에 빠져있는 언론의 '딜레마(dilemma)'인 것이다.

오늘도 언론사들은 신문 톱기사 1면에 아무개 국회의원이 엄청난 돈을 횡령했다느니, 정부가 예산을 마구 집행했다느니 등의 폭로성 기사를 내보내고 있다. 이뿐 아니다. 신기술로 자동차가 달리고 있다느니, 보고서가 조작됐다느니 등등의 새롭고 변화된 일들을 보도하고 있다. 그런데도 언론인들은 자신들의 죽기일보직전의 고장 난 내부시스템을 어떻게 해야 할지 난감해 한다.

지금 이 순간에도 정치, 경제, 사회문화적으로 급변하고 있고, 신문·방송사들이 이를 발 빠르게 보도하느라 난리 법석이다. 독자들은 속보성을 갖고 보도되는 이러한 내용들을 보고 깜짝 놀라한다. 그러나 이들은 신문사나 방송사의 보도 의도와 편집된 방향도 몰라, 이 사건의 진실 혹은 객관적인 정황을 가늠하지 못할 경우가 태반이다. 얼마 후 정부 혹은 기업과 언론은 밀거래가 형성된다. 서로 이득을 챙기고, 비판적인 이슈는 언제 그랬냐 싶을 정도로 누그러지는 것을 보고 신념체계가 불완전한 대중조차도 언론이라면 고개를 절레절레 흔든다.

이에 대해 '무슨 말이냐'고 반문할 이들도 있다는 것을 모르는 바는 아니다. 이들을 위해 설명하자면, 우선 기존의 관점을 떠나 제3자의 입장에서 사건의 본질을 파악하는 '메타적 관점'에서 고도의 언론의 기술을 살펴봐야 할 것이다.

메타적 관점

메타(meta)라는 뜻은 '넘어서(beyond)' 라는 뜻이다. 즉, 메타적 관점은 그 대상을 위에서 조망한다는 것이다. 사건이나 대상의 본질을 본질적으로 꿰뚫기 보다는, 시공간적이고 위치적인 의미와 존재성의 성찰에 대한 관점이라고 말 할 수 있다. 메타비평일 경우 '기존의 비평에 대한 비평' 이라는 의미가 적용될 것이다.

간단히 말해 교통과 통신의 발달로 지구촌의 개념이 생성됐다고 하자. 그만큼 공간이 가까워졌고 시간도 절약됐다. 그러나 메타적 관점으로 보면, 왜 교통과 통신의 발달 정책이 펼쳐지게 됐냐 라는 본질적인 질문을 시공간적이고, 존재적인 성찰로 시작한다.
이를 입증하기 위해서는 상상력과 이를 뒷받침할 여러 자료, 증거가 뒤따르게 된다.
한 예로 지구촌의 개념을 메타적 관점으로 설명하면, 다국적 기업의 이익에 봉사하는 전자식민지체제를 가능케 하도록 한 개념이라는 분석도 나오고 있다.

예컨대 모일간지에서 대선을 앞두고 한 여론조사결과 여당의 L씨가 34%, 야당의 P씨가 40% 국민들의 지지를 받았다고 보도했다고 하자. 겉으로 보면, 마치 이 신문은 야당의 P씨에게 이롭게 보도한 듯해 보이나 실제로는 여당의 L씨에게 좋은 방향으로 보도된 것으로 나타나게 된다. 일선에서 뛰고 있는 기자나 정치인들은 여당의 L씨의 국민지지율이 P씨보다 근소하게 떨어짐으로써 이를 만해 하기 위해 L씨를 지지하는 집단, 지지세력들이 더 노력하고, 대책을 강구하게 된다고 한다. 결국은 P씨의 지지율은 대선에 임박하면 조금씩 조금씩 떨어진다는 분석이 나온다.

언론들이 대선이나 총선이 전에 여권의 지지율을 예상보다 낮게 보도함으로써 여권지지율의 경각심을 유발시켜 끌어 올리려는 의도가 숨어있는 것이다.

이 경우도 언뜻 보기에 언론의 속성과 이면을 모르면 반대로 예측하여 완전히 잘못된 정보를 얻게 되고 언론과 여권의 밀거래를 예측할 수 없게 된다.

이러한 술수를 쓸 수밖에 없는 현실에 대해 언론인들은 정론직필할 수 없는 언론환경이고, 언론이 안고 있는 고칠 수 없는 속성이라고 푸념한다.

여하간 우리는 누가 뭐라고 해도 '돈'이 중시되는 자본주의 사회에서 살고 있다. 경제적인 토대를 무시하고는 생존하기 조차 어렵다. 더욱이 신문 등 언론사는 자본주의의 축소 메커니즘이라 불리는 광고시장을 주요수익원으로 하고 있어 그 정도는 훨씬 더 심하다.

경제적인 변수는 언론사 사활에 큰 영향을 주는 것이다. 따라서 독자, 시청자 등 수용자들도 밑에 흐르는 생존기로에 직면한 경제적인 언론의 딜레마 요소와 환경 등을 이해하지 못하면, 정보의 그릇된 판단으로 미래예측을 못해 사업에 실패하거나 현실정치에서도 쓴잔을 마실 수밖에 없다.

이 같은 사실들을 정확하게 알기 위해서는 메타적 관점 등으로 언론 속에 스며있는 딜레마적 속성과 흐름을 규명해내야 한다. 이것이 언론의 기초이며 논술의 기본이다. 그 맥락에서 글 혹은 말속에 숨겨있는 신문사 등의 기자, 편집자들의 생각들과 언론철학, 말·글쓰기 방식을 알아야 할 것이다.

언론학, 논술이란

언론학은 크게 두 영역으로 나뉜다. 하나는 커뮤니케이션이다. 커뮤니케이션은 말하기와 글쓰기이다. 다른 하나는 매스커뮤니케이션인데, 저널리즘(뉴스제작과 수용), 비교커뮤니케이션, 방송, 뉴미디어, 광고와 홍보, 미디어문화 등이다. 언론학에서 다루는 이 같은 주제는 대학입시, 기업체입사 등에서 중요시 되는 논술과 토론, 구술면접 등에도 적합하다.

따라서 논술은 언론학의 한 분야일 수 있는데, 우리 생활에서 일어나는 여러 문제에 대해 일정한 근거를 갖고 자기 나름대로 문제 해결방안을 제시해 상대방을 설득하는 글이다. 즉, 논술은 자신의 느낌이나 생각을 다양하게 표현하는 글짓기와 달리, 논리적으로 글을 서술하는 것이다. 정확하고 타당한 논거를 객관적으로 서술해 논지를 분명히 드러내는 행위인 것이다. 그러나 논술은 자신의 견해를 일정한 형식에 맞춰 여러 자료를 바탕으로 체계적으로 진술하는 논문과는 구별된다. 논술은 모든 것이 논문과 유사하나, 출제자가 제시한 자료에 따라 진술해야 할 방향이 정해져 있어 논문에 비해 상식적인 결론을 갖는다고 하겠다.

차례

김 대통령 '서민 위한 국정' 제시

서민 고통 동참 없어 신뢰 회복 미지수 … 정권재창출 캠페인 겸한 듯

진병기 이윤영 기자 bkjin@naeil.com

김대중 대통령이 민심수습을 위해 '서민을 위한 국정론'을 제시했다. 이는 정부와 여당이 4·26 보선 패배 후 민심을 종합 분석한 결과, 김 대통령의 국정운영 안정과 정권재창출을 위한 캠페인 기조라는 두가지 측면에서 전략적으로 선택한 결론이다. 하지만 집권세력이 서민고통에 동참하는 리더십의 변화 없이 몇몇 정책수단만으로 이를 추진할 경우 민심수습조차 어려울 것으로 예상된다.

김 대통령은 17일 민주당 김중권 대표로부터 당무보고를 받은 자리에서 "민주당은 중산층과 서민들의 보호를 위해 각별한 관심을 갖고 더욱 노력하라"고 지시했다. 김 대통령은 또 4대 사회보험 등 사회안전망 구축 시책들을 나열하면서 "정부가 추진 중인 중산층 서민 보호대책에 빈틈이 없는지, 또 봉급생활자들의 어려움을 덜기 위한 정책이 실효를 거두고 있는지 당에서 꼼꼼하게 점검하라"고 지시했다.

◇ **기득권 증오하는 민심 소재 확인** = '서민론'은 여권핵심부에서 민심을 다각도로 조사분석한 결과 얻은 결론이다. 4·26 보선 패배 후 여권핵심부는 민심읽기에 고심한 결과, 국민의 70% 이상이 자신을 서민층으로 인식하고 있으며, 이들은 신기득권층인 현집권세력을 포함한 기득권층에 대한 증오에 가까운 분노를 품고 있다는 점을 확인했다. 재벌개혁을 비롯한 사회개혁에 대해서도 이들은 정부가 철저하고 단호한 개혁을 하지 못하고 있어 문제라는 의식을 드러냈다.

이같은 조사 결과에 따라 민심수습의 기조로 서민층을 정권기반에 흡수하는 방향이 제시된 것이다.

이미 민주당은 재벌규제 완화 논란을 계기로 한나라당을 '재벌옹호당'으로 몰아 붙였다. 한나라당의 세무조사 남용방지 입법과 세제개편 추진방침에 대해 '기득권층 보호용', 한나라당의 국가혁신에 대해 '반서민적인 정체성' 등으로 비난했다. 김 대통령의 '서민론'이 원론수준을 넘어 정권재창출을 위한 캠페인 기조임을 보여주는 흐름이다.

하지만 민주당 등 집권세력은 '서민론'을 몇가지 정책적 접근의 문제로만 받아들일 뿐 서민의 고통에 동참하는 리더십의 변화로까지 나가지는 못하고 있다. 이는 현단계 민심이반의 수준이 몇몇 정책의 오류를 뛰어넘어 집권세력의 지도력에 대한 불신으로 치닫고 있는 상황을 간과하고 있기 때문이다.

◇ **생색내기용 민생탐방** = 민주당은 이달 들어 서민중산층 보호정책을 집중 발표했다. 마늘 전량 수매(16일) 가맹점거래 공정화법(15일) 교직발전종합방안(15일) 신용카드사용액 소득공제 확대(10일) 지방건설경기활성화방안(8일) 모성보호법 시행방침 확정(8일) 과도한 연체이자 제재(8일) 판교저밀도 전원도시화(3일) 신용불량기록 삭제(1일) 사채이자 상한 제한(4월29일) 등 각종 정책을 쏟아냈다.

이와 함께 김중권 대표 등 당지도부가 연일 민생현장을 찾아 발길을 움직였다. 17일 의왕에 내려간 당 지도부는 1200평에 직접 모를 심었으나, 농민들은 "이양기로 모를 심지 않는 논은 거의 없는 현실"이라면서 "진짜 농심은 봄가뭄에 말라붙어 가는데 이에 대해서는 아무 대책도 없이 모만 꽂아놓고 갔다"고 지적했다.

민생현장을 방문한 당지도부가 서민고통에 동참하는 진정성을 보이는데는 실패한 것이다. 이는 리더십의 신뢰회복이 쉽지 않을 것으로 보이는 극단적인 사례라고 할 수 있다.

Chapter 01

딜레마에 허덕이는
언론의 기본개념

언론인은 '사기꾼'?

말길이 같히면 끝내는 생각도 닫히고 만다. 행동도 막히고 만다. 그 마당에 겨레와 나라의 앞길이 열릴 턱은 없다. 모든 것을 말할 수 있는 백성만이 모든 것을 이룰 수 있다. 때문에 나는 말길의 닫힘을 어둠의 으뜸가는 증상으로 꼽는다. 말길의 열림을 새벽의 으뜸가는 활력으로 경배한다.

언론인 김중배

언론인은 사기꾼인가? 대부분의 사람들이 이 말에 수긍하는 편이라고 한다면 거짓말일까? 사실왜곡으로 대중들을 속이고, 정부와 기업을 대상으로 장사하는 이. – 이들을 언론인이라고 정의 내리면 무리일까?

굳이 법까지 들먹이고 싶지는 않지만, 우리 형법에서는 유추컨대, 사기꾼이라는 말을 '돈과 관련해서 속이는 자'라고 규정한다. 그리고 『이기적 유전자』(The Selfish Gene)의 저자 리처드 도킨스는 사기꾼의 개념을 '다른 개체의 이타적 행위의 이익을 받아들이지만,

상대에게는 보답을 하지 않거나, 불충분한 보답밖에 하지 못하는 사람들'이라고 말한다.

　언론인들을 이 같은 정의에서 보면, 취재원인 정부나 기업에게 금전적인 보답을 받으면, 이에 상응하는 보답을 하지 않는 사기꾼 속성을 갖고 있다고 한다. 일반론은 아니겠지만 말이다. 더욱이 정부, 기업 등으로부터 상당한 금전을 받으면, 의도하지는 않았다하더라도 기사의 내용이 정론직필로 가지 않는 등 독자들에게도 사기꾼이 돼가는 경우가 다반사라는 것이다.

　그 이유는 신문사 등 언론사가 정부나 기업의 광고받기에서 수익 근거를 두고 있기 때문이라고 하는데, 극단적인 이 말은 몇몇 언론사에만 국한되길 바랄 뿐이다.

　언론사는 호혜적이거나 비판적인 보도꺼리를 갖고 광고주인 정부나 기업을 찾아간다. 비판적인 보도인 경우 정부의 명예를 크게 손상시키거나, 기업이 도산할 수 있는 결정적인 단서는 보도하지 않은 채 협상하게 된다. 협상의 대가로 신문지면상에는 '입막음' 식의 정부·기업의 고액광고가 게재되는 것이다. 돈이 오가는 노골적인 협상이라면 소송감이겠지만, 관례로 여겨지는 식이어서 자연스럽다.

　정부의 지배이데올로기나 기업의 이익을 선전하는 꼭두각시 노릇에 충실할 수밖에 없는 언론사들. 몇몇 언론사만이 이에 해당될 것이라는 긍정적인 믿음을 갖고 싶다. 그러나 지역신문인 경우 정부로부터 합법적으로 운영보조금을 받는다 할지라도, 무가지(無價紙)신문 등 헤아릴 수 없을 정도로 늘어난 매체와 경쟁해야하는 생존기로에 직면하게 돼서 이는 더욱 더 어쩔 수 없다.

그런데 언론인들보다 더욱 더 무서운 사기꾼들도 있다. 대중들은 의아하게 생각할 일이지만, 언론인들을 사기 치는 이들이 있다. 일명 '기사 빼먹기 고수' 라고 불려지는 이들이다.

이들은 흔히 취재원으로 나타나는데, 기자들에게 좋은 기사를 요구하고, 그 대가로 광고를 주겠다고 유혹한다. 그 후 그 '고수' 가 원하는 기사가 나간다. 그러나 고수는 자신이 원하는 기사가 아니라며, 담당기자를 탓하고, 끝내 광고를 주지 않는다. 알법한 언론사도 심지어 그 기자를 문책하고, 글솜씨가 좋은 기자를 찾아 나선다.

결국 이 고수는 기사만 빼먹고, 사업상 이득만 챙긴다. 한마디로 '사기꾼위의 사기꾼(?)' 으로 위세를 자랑한다.

이 고수들은 중소기업 등에 많이 포진돼 있으며, 전직 경력이 화려하고 언론의 속성을 잘 아는 기자였을 확률이 높다. 언론사에 광고 줄 여력은 없지만, 언론플레이로 성장하고 싶은 기업에서 이 같은 이들이 발견된다. 아마도 중소기업이 큰 기업으로 성장하는데, 이 고수들의 역할을 무시해서는 안 될 정도이다.

그럼에도 언론사의 권위와 위엄성을 무너뜨릴 수 있는 이런 고수들은 아주 소수에 불과하다. 대부분이 언론사들 앞에 무릎을 꿇는다. 기업 등 광고주들이 먼저 언론사에 광고를 주게 된다. 그리고 언론사들이 광고를 받게 되면, 광고를 받고 광고주들에게 유리하고 좋은 기사를 일회성으로 내거나, 내지 않는 등의 '광고 빼먹기'가 일상적인 일처럼 일어난다. 어쩔 때는 거꾸로 비판기사를 넘어서 비난에 가까운 기사를 내보내, 광고단가와 광고게재수를 흥정하기도 한다.

마치 밀림의 정글에서 맹수들이 으르렁거리며, 생존을 위한 먹이사슬을 만들어가는 것처럼 보인다. 본질적인 이유는 아마도 언론사의 주요 수익원천이 콘텐츠 개발 보다는 정부 기업의 광고받기에 의존해 있으며, 이에 부응해 편집국 기자들이 경영권에 종속할 수밖에 없어서 일 것이다. 언론사의 소유지분을 제한하더라도, 광고받기 수익에 절대적으로 의존해온 언론 속성상 편집권 독립은 불가능에 가까우며 정론지는 기대하기 어렵다.

이처럼 정론직필 하기 어려운 언론환경에서 신문기사나 사설을 인용하면서 논술을 하거나 토론을 한다는 것은 극심한 오류를 범하는 게 아닐까 싶다. 개인이라도 직접 사실 확인을 해봐야 할 실정이다.

언론은 정보지^{情報紙}도 사보^{社報}도 아니다

언론과 유사한 정보전달 기능만을 주로 하는 정보지(情報紙)와 특정기업이나 기관에 소속해 사익을 대변하는 기관지인 사보(社報)가 있다. 그런데 언론은 이 둘과는 본질적으로 다르다.

언론은 언론관이라 할 수 있는 세계관이 있어 정보지와 구별되고, 사보와 달리 편파적으로 특정기업이나 단체의 이익을 대변하지도 않는다. 언론은 정보전달, 여론형성, 교육 등 여러 역할 및 기능을 갖고 있다.

언론의 역사를 보더라도 그렇다. 인쇄술이 발명된 이후 거의 200

년이 지난 16~17세기에는 전단, 팸플릿 등 단지 사실전달에 불과
한 내용에서 벗어난 언론의 초기형태인 뉴스레터(newsletter)가 있
었다.

우편서비스를 통해 배부된 이 뉴스레터는 단순한 정보전달 뿐 아
니라, 오락 광고와 상업적인 토대를 마련했고, 시사해설도 담당하기
까지 한 논조가 있는 초기 언론의 형태를 보여줬다.

이후 언론은 사회변동과 정치적 기류 속에서 계급 혹은 계층을 대
변하는 신문으로 참신한 기능 및 역할을 해왔다. 자유를 위해 투쟁
등을 하는 도구이기도 했으며, 심지어 전자 자동차 주택 등의 업계들
을 대변해주고 동향을 분석해주는 전문지들조차 정보지와 사보의 성
격에서 벗어난 흐름을 보여줬다.

그러나 탄생부터 기존권력에 대해 충고자 · 조언자로서 역할을 다
해왔던 언론이 어느 새인가 정보지나 사보로 전락하고 있는 것이다.
간혹 비판자라는 역할을 통해 정치발전, 경제발전에 기여를 해왔다
고 하는 언론사들도 점차로 언론의 재정을 후원하는 모기업이나 주
요 광고주의 편을 들거나 옹호하는 사보로 둔갑하고 있는 게 아닌가.
어쩔 때는 사안별로 어느 방향으로 여론 형성해 가고 있는지 애매
모호할 경우도 많다. 논조가 없이 정보만 제공해주는 정보지가 돼가
고 있는 것이다. 실시간 정보를 제공해주는 언론기업이 있다고는 하
지만 엄밀히 말하면, 언론사라기보다는 통신사 정도로 볼 수 있지 않

을까 싶다.

앞으로 예측되는 언론은 경제적인 토대와 테크놀로지의 변화에 따라 다양한 역할과 기능을 첨가해 갈 것은 분명하다.

그러나 여기서 유념해야 부분은 한마디로 언론은 정보전달기능만 하는 소위 정보지와는 구별되고 사보와는 거리를 둬야한다는 것이다. 언론은 사실위주의 정보전달 기능 뿐 아니라 여론형성, 교육, 정책비판 등 여러 다양한 기능과 역할이 있기 때문이다.

언론이 콘텐츠를 개발할 경우 편파적이지 않게 저널리즘의 특성을 정확하게 적용시켜야한다. 그렇지 않을 경우 신뢰성이 없는 언론관으로 대중들은 언론에 등을 질 것이 뻔하기 때문이다. 그리고 언론이 정보제공을 주요 사업으로 해서 운영해 나갈 경우는 단지 정보뱅크의 역할만 하는 회사로 전락할 수 있다. 실제로 세칭 '1인 언론' 이라고 해서 언론의 고유의미는 저버리고, 한 분야에 탁월하면서도 알기 어려운 고급정보를 제공해 수익을 올리는 정보(사)도 출현하고 있다. 언론사도 부대사업으로 이를 추진하는 경우도 있을 정도다.

언론사는 광고를 주요 수익원으로 하고 있기 때문에, 여론형성에 곤란한 부분이 있다고 해서 정보전달 기능만을 하는 회사로 바뀌거나 공정치 못한 보도를 한다면, 이 회사를 언론의 초기형태와 역사에서 비춰볼때 언론사라고 말하기는 어렵다.

한마디로 언론사는 광고를 주요수익원을 하다가 '정론직필을 할까, 광고주의 입장을 따를까' 하는 이러지도 저러지도 못하는 딜레마 상황이 야기된다. 이에 따라 대안으로 정보전달을 주요수익으로 하는 회사로 바꾼다고 해서 해결되는 게 아닌 것이다.

더욱이 미래에는 사이버네틱스의 고도의 발전으로 인하여 정보접근이 용이하게 되면서 정보제공만의 사업으로 고수익을 올리기는 어려워진다.

따라서 언론사주는 이윤창출(경제)의 입장에서 편집국을 견제할 수밖에 없는 것은 바꾸기 어려운 언론의 명제이다. 언론사주와 제작자는 쌍방적 의사 상호작용을 이루는 것이 바람직하나, 언론의 딜레마로 서로 석연치 않은 관계가 연출된다. 이를 어쩌라는 말인가.

잠깐 휴식하세요

'무슨 책부터 읽어야 논술을 잘 할 수 있을까요?' 라는 질문이 많다. 논술전문가들은 수학이나 영어처럼 교과서나 노트만을 들여다보는 것으로는 부족하다고 한다. 텔레비전 뉴스도 열심히 보고, 신문도 꼼꼼히 읽고 인터넷 서핑도 하라고 당부한다. 특히 이 가운데 신문은 요즈음 쓰는 어휘와 문자, 그리고 시사적인 내용이 담겨져 있기 때문이다. 그러나 언론의 딜레마로 인해 보도기사의 객관성에 의문점들이 있어 신문기사 보다는 전문가들의 칼럼 등을 읽어 논술의 자료로 삼는 것이 좋다고 생각된다. 이에 따라 논술을 위해 신문사의 입장을 노골적으로 갖는 신문 기사, 사설 등을 억지로 읽을 이유는 없는 것이다.

언론의 '딜레마' 란 무엇인가

언론은 정부, 기업의 광고를 주요 수익원으로 하고 있어서 정론직 필하기 어려운 딜레마의 상황이 연출된다고 앞에서 지적했다.

그렇다면 이 같은 언론의 기초개념인 딜레마라는 것은 무엇일까.

딜레마의 어원

서로 충돌하는 두개의 대안 가운데 한 개를 선택할 때 생기는 기회손실은 크다. 이 때문에 제약된 시간과 공간에서 어느 하나라도 선택이 곤란한 상황이 연출되는데, 이를 '딜레마' 라고 한다. 딜레마는 사전적으로 두개의 대안들 가운데 하나를 선택해야만 하는 어려운 상황으로 정의된다.

딜레마 상황에서는 교환이 불가능한 두개의 가치들이 서로 충돌하기 때문에 지식과 정보의 많고 적음에 '이해, 대안, 선택'이 좌우되지는 않는다. 또한 당사자들의 이익을 타협하고 조정하는 식의 결정도 쉽지 않다.

딜레마 상황에서 논리적으로 정책결정자가 취할 수 있는 대안은 두개의 대안 중 한 개의 대안을 선택하는 것이 있다. 또한 제한된 시간이 지날 때까지 선택을 최대한 보류하거나 지연하는 것, 그리고 마지막으로는 선택상황이 주는 압력을 버티지 못하고 포기하는 것 등이 있다.

그런데 결국 딜레마 상황에서는 갈등 상황이나, 불확실성 상황과는 달리 결정을 지연하거나 결정권을 포기하는 대신 우선 하나를 선택하는 경향이 있다.

언론과 딜레마 현상

일반적으로는 딜레마가 갈등 상황으로 나타나는데, 심리학적인 입장에서 보면, 두개 이상의 서로 배타적인 활동에 개입하고 싶은 상황으로 이해된다. 양립불가능한 두개 이상의 욕구가 인간의 내부에 자리 잡고 있는 상황이 갈등이다.

정치학이나 사회학적인 입장에서는 둘 이상의 사람이나, 집단이 동일한 대상을 소유하려 하거나 동일한 지위 혹은 공간을 점유하려고 할 때 언제나 발생하는 현상이라고 이해한다.

가치를 둘러싼 투쟁의 과정에서 경쟁자를 누르고 자신의 목표를 달성하려 한다는 점이 갈등의 중요한 내용이 된다. 적어도 둘 이상의 당사자간 경쟁인 셈이다.

딜레마는 특히 다수의 이해관계자들이 서로 상호작용하고 있는 공공분야에서 많이 나타난다. 정책의 목표, 혹은 공공의 이익이 서로 혼재하기 때문에 공공부문의 의사결정이 어렵게 된다고 한다.

선택이 아주 곤란한 상황을 의미하는 딜레마는 언론분야에서도 쉽게 적용된다. 딜레마 상황에서는 우선 하나를 선택하는 경향이 있는 것처럼, 언론도 이러한 상황에서 선택을 해왔다. 언론사의 수익구조 및 고용인력구조 등도 딜레마적 현상에서 선택되어 만들어졌다. 선택이 불가능하고 곤란한 데도 불구하고 행해진 것이다.

결국 언론의 이 같은 선택은 잘못됐거나 불완전할 수 있다는 측면을 내포한다. 이는 언론 당사자들이나 수용자들은 선택에 대한 불신이 해소되지 않은 상태에서 언론사를 운영하고 받아들여 왔다는 것을 뜻한다. 단지 언론이라는 특수한 권력과 위엄성으로 그러한 불신이 제대로 밖으로 노출되지 않았을 뿐이다.

상황이 이렇다보니 언론에 대해 저항세력이나 도전 세력이 생기면, 언론은 상대방의 요구를 약화시키기 위해 교묘하게 딜레마 상황에 처해 있다는 것을 보여준다. 이를 통해 개혁의 단초를 미뤄왔거나, 자신의 입장을 정당화시키는 전략이나 책략을 사용해왔다.

　　언론은 행정처럼 핵심적인 가치를 공공성에 두고 있다. 공공성에 대한 어느 한 가치가 이해관계로 환원될 수 없는 각자의 영역을 갖고 있다. 시대의 변화나 공간적 특성에 따라 다양한 가치들 중 어느 한 가치가 우연히 두드러져 보였을 뿐이다.

　　딜레마 상황이 일어날 때 해결책을 바란다면 더욱 큰 딜레마가 생길 것이다. 언론은 이럴 때 단기적인 대응으로 풀어온 것이다.

합리성이 빈곤한 '대중' :
경영진의 주요관심 대상

시간, 흥미, 또는 지식이 없어서 사회적 문제들의 세부사항을 알고 있지 못한 유권자들의 의견을 물어 여론이라고 말하는 것은 무의미하다. 보통 사람들에게 많은 것을 기대하는 것은 부당하다.

미국 칼럼리스트 Walter Lippmann

대중은 언론의 대상이다. 대중은 신문을 읽고, 텔레비전 등을 시청한다. 대중이라는 존재가 없다면, 언론이 있어야 할 이유도 그만큼 적어진다. 언론은 대중의 속성위에 있다고 해도 과언이 아닌 셈이다.

그런데 대중은 너무나도 즉흥적이고 감성적이라서 언론종사자들의 골머리를 아프게 한다.

언론학자 데니스 맥퀘일도 대중의 개념에 대해 '역사적으로 폭도 등으로 나타났으며, 제멋대로이고 무지한 사람들을 일컫는다' 고 정의를 내렸다.

대중은 문화와 지성, 심지어는 이성이 부족하다는 것이다. 긍정적인 측면이 없는 건 아니다. 대중은 평범한 노동계층이 집단의 목적을 위해 단결하는 등의 결속력의 상징이 되기도 한다. 니체, 오르테 같은 입장의 학자들은 정치적 민주화, 경제적 향상으로 엘리트들의 지배를 위협할 정도로 대중들의 지위가 향상됐다고 지적한다.

그럼에도 대중을 언론의 수용자로서 규정할 때, 대중은 널리 퍼져있으며, 서로에 대해서 알지 못한다. 자기인식이나 주체성이 부족하며, 목적을 달성하기 위해 조직적으로 행동하는 것이 불가능하다. 대중은 사회가 바뀔 때 구성원들이 바뀌는 특성을 갖고 있고, 겉으로 보기에는 자율적으로 행동하는 것 같지만, 실상 언론의 노예가 돼 타율적으로 행동한다.

대중은 정부가 언론을 통해 조작한 지배이데올로기에도 잘 속고, 그대로 따라하기 바쁘며, 심지어 그것이 진리인양 평생 노력하며 살아간다.

언론이 대학을 가야한다고 보도하면, 목숨 바쳐 대학을 가려고 밤새 공부한다. 가정을 이뤄 살고 아기를 낳아야 한다고 하면, 내일부터라도 결혼대상자를 찾아 나선다. 시험관 아기를 만들어서라도 언론의 말에 복종한다.

언론은 대체로 권력의 입장을 대변하는 의견을 제공하고, 교육하며 그 안에서 심적인 위안을 준다. 가끔씩 대중들은 이에 저항하기도 한다. 그래서 결속하기 위한 기구를 만든다. 연대, 동맹, 노동조합 등이 그것이다. 그러나 결국 권력을 앞세운 언론에게 산산이 부서진다. 결속기구는 해체되고, 급기야 사회 부적응자로 매도된다.

강한 결속기구는 그나마 오래 버티고 살아남아 뜻을 관철시키기도 하는데, 그건 그 결속기구의 승리가 아니다. 정부와 언론의 이익이 맞아 떨어져, 언론이 이 기구를 대변하면서 마치 그 기구의 승리처럼 보일뿐이다.

권력을 앞세운 언론은 상식이라는 잣대위에서 여론을 형성해 나가고 호소한다. 그런데 그 상식이라는 것은 기존권력이 만들어낸 산물이라는 점을 유의해야한다. 합리성이 부족한 대중은 권력이 만들어놓은 상식위에 옴짝달싹 못하게 된다.

이 같은 대중을 올바르게 선도하고 여론 형성해 나갈 언론사들은 그들을 조정해 자기 잇속 챙기기에 여념이 없다. 예컨대 대중에게 꼭 필요 없는 '노트북'이 생활에 필수라는 것을 강조해, 기업의 노트북 광고를 신문에 도배해서 끝내는 노트북을 사게 만든다. 침대를 사게 만들고, 급기야 정부가 운영하는 단체에 회원으로 가입케 한다. 아마도 이런 일도 있지 않을까. 언론이 남자들은 건강을 위해 치마를 입어야한다고 떠들어대면, 한 5년 후에는 모든 남자들이 치마를 입고, 시내를 활보할 날도.

정부-언론의 숨은 커넥션

요즘은 언론이 대중여론에 상반된 내용을 보도하여 대중들이 크게 반발하도록 유도하기도 한다. 대중들이 크게 반발하게 해서 더 크고 강한 여론형성을 만들기 위해서다. 사실 언론은 대중의 생각을 갖고 있고, 모르는 것도 아니다.

하지만 정부는 여기에서 대중들의 한 이슈에 대한 여론이 너무 약해서, 대중에 영합한 정책을 추진하고 싶어도 쉽게 이룰 수가 없다고 파악했기 때문이다. 결국 이 같은 경우에서도 정부와 언론의 교묘한 숨은 커넥션이 있는 것이다.

가끔 언론이 사과방송을 하기도 하고 간단히 정리하기도 하는 경우를 목격할 수 있는 데 이에 해당될 수도 있다.

언론사의 경영진은 이윤을 내야한다는 강박관념을 갖고 있다. 언론도 제조업으로써 사업으로 인식되기 때문이다. 그렇다보니 대중들의 마음을 잘 읽고, 권력이 만들어놓은 지배이데올로기에 충실해야한다. 그래야 돈의 흐름을 알게 되고, 거기에서 돈벌이를 할 수 있게 된다.

특히 언론사의 주요 수익원이 정부, 기업 등의 광고받기라서 정부의 정책과 공익사업을 실행케 하고, 기업의 상품을 잘 팔 수 있도록 대중들의 마음을 조정할 줄 아는 언론사에 광고가 더 많이 집행될 것이 뻔하다. 정부나 기업을 서슴없이 비판할 수 있을 정도로 인지도가 높고, 광고효과를 볼 수 있을 정도로 독자(시청자) 수가 많은 언론사에 광고가 게재된다.

언론사의 경영진은 합리성이 부족한 대중들의 마음을 사고 이들을 조정해나가다 보니, 정론직필보다는 상식 같은 지배이데올로기에 충실하게 되고, 광고받기 거래에 더 관심이 있게 되는 것이다.

이는 취재나 편집 등의 편집진이 상식에 너무 치우쳐 세상을 잘못 인식하는 대중들을 교육의 대상으로 여기는 것과는 너무 대조적이다. 언론의 딜레마는 여기에서부터 비롯되고 언론의 기초는 여기에서 형성된다.

대중, 공중, 군중

대중은 매스(mass)로 보고, 개별성이 상실된 덩어리다. 공중은 퍼블릭(public)이며, 커뮤니케이션의 기술을 통해 성립하고, 또 커뮤니케이션을 통해서 맺어지는 인간들의 비조직적인 집단을 일컫는다.

군중은 일시적, 일회적, 정기적으로 집합되는 비조직적인 집단이다.

'사랑과 결혼'의 기획함의 :
자본의 재생산을 위한 소비자, 여성

　요사이 방송 프로그램 등의 내용들은 거의 남녀의 애정관계와 결혼의 문제를 다루는 것이 대부분이다. 남녀의 사랑과 결혼이 이루어지는 조건들은 정신적, 물질적 토대에서 만족되며, 결정된다.

　남녀간 사랑의 묘사는 대체로 고급 레스토랑, 야외공원, 여행 등에서 처리된다. 결과물인 결혼은 잘 갖추어진 가구와 침대가 포함된 깨끗한 '집'에서 펼쳐질 것으로 연상케 한다. 이러한 요소와 내용을 갖고 있는 방송 프로그램 등의 대다수 소비자는 남성보다는 여성(주부)으로 더 추측되어 진다.

　여성들은 그 드라마에 출연한 배우에 감정이입 된다. 그들은 사랑을 나누는 공간을 드라마에서 보여진 상업적으로 잘 정돈된 낭만적인 곳으로 설정하는 경향이 있다. 그 곳에서 이루어진 사랑의 결과물을 모두 갖춘 '살림공간' (집)을 원하는 것이다.

즉, 여성들은 드라마에서 주로 다루어지는 남녀간의 사랑과 결혼이라는 주제에 지배되어 자본주의의 재생산의 과정에 철저한 노예가 된다.

그들은 사랑을 나누기 위해서 고급 레스토랑에 많은 돈을 내서 음식을 사고, 여행사의 국내외 여행코스에 매료되어, 여행장비와 비행료를 낸다.

그리고 야외 공원의 연못에서 입을 쩍쩍 벌려 먹이를 갈망하는 '붕어' 들에게 연인들은 '과자' 를 사서 그 붕어들의 욕구를 채운다. 사랑을 유지하고 발전시킬 수 있는 공간과 시간은 개인이 소유한 '자본' 과 등가가격으로 서로 무의식적으로 교환되고 있다.

이것의 연장선은 결혼인데 드라마에선, 방바닥보다는 침대에서, 허름한 가구보다는 치장이 잘 된 가구를 배경으로 결혼생활을 묘사한다. 그럼으로써, 결혼한 연인은 그것이 곧, 자신들의 사랑의 조건인 양 또 다시 자신의 자본과 침대, 가구를 살며시 교환한다.

방송 드라마는 여성의 소비를 끌어들여 자본을 재생산하고, 소비의 욕구를 더 강화시켜 또 다른 상품을 재창조한다. 모든 것이 다 정리되고 준비된 상태에서의 결혼은 이혼율을 더 불러들이고, 재혼의 비율을 늘려, 또 다른 양태의 자본의 재생산구조를 자리잡게 한다.

고정(苦情)이 없는 사랑은 곧 자본의 재생산 구조에 쉽게 동참하게 한다.

여기에 여성은 잘 갖추어지고 미리 준비된 사랑과 결혼에 '참석'하여 '페미니즘' 사고에 거슬리게 된다. 이것을 교묘하게 이용하는 방송 드라마의 내용은 또 다시 남성(또는 사회)이 여성을 자본의 재생산 구조에 참여시켜 반(反)페미니즘 늪에 빠지게 하는 것이다.

여성이 대중문화를 즐긴다는 것은 광고를 기반으로 하는 문화산업의 한 요소로서 존재하는 것 외의 다른 의미를 지니기 힘들다. 대중문화 산업은 여성들에게 호소할 수 있는 많은 문화상품을 만들어 여성들의 관심을 끈다. 여성들의 머리수(시청률, 구독률 등)는 문화산업의 자료가 되어 자본을 소유한 광고주에게 팔리는 운명을 맞게 된다.

더욱이 신문사 등도 재정확보라는 생존 명목아래, 보도기사 및 사설논조는 여성처럼 자연스럽게 대중문화의 과정 중에서 원시사회의 한 모습처럼 광고와 교환되는 객체로 존재하게 되는 것이다.

결론적으로, 대중매체 속에 나타난 여성은 가정이라는 사적인 영역에 갇혀 있음으로 해서 공적인 역할을 '소비'에서 찾는 허위의식의 주체로 파악되고 있다. 그들의 '허위의식'을 바탕으로 한 소비는 자본주의의 구도를 더욱 공고히 해 주는 기제로 설명된다.

　　결국 그들이 소비하는 패턴이나 소비물 자체는 남녀의 분업을 더욱 정당화시키거나 강화시키고, 가족을 근거로 한 자본주의의 재생산을 무리 없이 잘 굴러갈 수 있게 해준다. 여기서 여성은 대중문화를 소비하는 주체가 아닌 자본주의 구조 내의 객체로 자리 잡게 된다. 언론도 여성처럼 자본주의의 시장 내에서 속이기도 하고 이용당하고 쓰이는 객체인 것이다.

자본의 재생산을 위한 소비자, 여성

이글은 1999년 4월6일자 [인천대신문]에 게재한 글을 약간 수정한 것이다. 아직까지도 자본의 재생산을 위한 소비자로서의 여성상이 바뀌지 않은 듯하다.

언론의 딜레마로 인해 신문기사 내용
이 사실과 다를 수가 있어 논술인용자료로는
적합하다고 볼 수는 없어요. 기사보다는 칼럼이
좋을 듯 싶어요.

Chapter 02

언론의 구조와
말·글쓰기 방식

조작 가능한 기사의 사실 인과관계

저널리즘의 절대적 객관성은 불가능하기 때문에 기자의 출신배경, 전문적 훈련, 개인적 자질, 기자의 경제적 지위가 큰 중요성을 갖고 있다.

미디어 연구가 Leo Rosten

기사작성이나 논술의 주제접근방식에는 △인과관계규명 △비교·대조 △정의정립 △과정 분석 △ 기술·서술 △질문·응답 △유형 분류 등이 있다.

이 가운데 '인과관계규명'은 얼마나 기사가 논리적으로 작성되었는가를 결정하는 데 주요한 주제접근방식이다. 원인과 결과는 상식선에서 아무 의심 없이 필연적으로 서로 관계가 있다고 전제한다. 만일 우리가 이 사실을 인정하지 않으면, 기사는 낱낱의 사건나열에 불과하고, 더욱이 의사소통도 이뤄지지 않을 것이다.

주제접근방식

인과관계 규명	사회현상에 대한 원인을 분석하고 이에 근거해서 새로운 제안이나 행동지침을 주장한다.	의견기사, 해설기사 등 적용
예시	추상적이고 관념적인 것을 구체적이고 특수한 것으로 설명하는 방식이다.	해설기사 등 적용
비교 · 대조	비교는 둘 또는 그 이상의 사물에 대해 그들이 지니고 있는 비슷한 점이나 공통점을 밝혀내는 방식이다. 대조는 그 차이점을 밝혀준다. 인물 개념 사회운동 등을 잘 알려진 역사적 사실, 외국의 사례로 독자들에게 친숙한 사물과 견줘 명확한 생각을 갖도록 한다.	여러 기사 유형에서 빈번히 적용
정의정립	정의는 대상의 개념을 규정하여 밝히는 방식이다. 주제의 정의에 초점을 맞춘다. 국가나 사회단체, 국제적 기구의 합의내용, 문서나 문안에 실린 정의를 다루거나 사회의 올바른 정의를 촉구하는 접근방식이다.	시사문제 등 칼럼에서 빈번히 적용
과정분석	분석은 어떤 복잡한 것을 단순한 요소나 부분들로 쪼개는 방식이다. 사회운동, 정책변화, 경제발전, 역사의 전개과정을 분석하여 미래를 전망하거나 바람직한 방향을 제시하는 것이다.	심층기사, 해설기사에서 직용

기술 · 서술	어떤 현상을 독자들에게 설명해, 이해와 공감을 얻을 수 있도록 유도하여 독자자신이 판단하고 결론을 내리도록 하는 것이다. 묘사와 서사가 있다.	의견기사, 해설기사에서 적용
질문 · 응답	질문을 던지고 본론에서 질문에 대한 답변, 결론에는 답변에 근거한 행동지침이나 필자의 주장을 넣는다.	해설기사에서 적용
유형 분류	분류는 하위 항목을 상위 항목으로 묶어가면서 설명하는 방식이다. 사회현상이나 사람들의 행동을 유형별로 분석하는 것이다. 이와 반대되는 개념은 구분이라고 한다.	칼럼, 해설기사에서 적용
유추	이미 알려진 사실로 잘 알려지지 않은 것을 추측하는 방식이다.	탐사보도, 해설기사에서 적용
지정	어떤 대상을 확인하거나 손가락으로 가리키듯 설명하는 방법이다.	해설기사에서 적용

그런데 대부분의 학자들은 'p이면 q'라는 형식논리학은 현실에서는 적용되지 않는 경우가 많다고 지적한다. 이로 인해 인과관계규명에서 아무리 논리적으로 기사가 작성됐다 할지라도 끊임없는 소송과 반목이 오간다.

흄(David Hume)은 법칙이나 이론에 대해 '관련된 관찰을 반복하여 경험함으로써 얻어진 심리적 습관에 지나지 않는다'고 주장한다. 그래서 그는 '필연성이란 우리의 마음이 한 대상을 경험했을 때, 수차례 반복된 경험에 의해서 그 대상에 항상 수반되어 왔다고 판단되는 다른 대상으로 어쩔 수 없이 넘어가게끔 하는 심리적 습성에서 유례된 것'이라고 말한다. 반면 기자가 쓴 기사는 그 당시의 시대논리를 반영함에 따라, 단지 심리적 습성에 불과하다는 입장을 거부하는 주장도 있다.

결과적으로 심리적 습관과 경험에 불과하다는 인과관계는 그 당시의 관습과 법률 등의 기초위에서 해석되고, 평가를 받게 되기 때문에 필연적이라고 인정하게 된다는 것이다.

기자는 부분적인 지식과 경험으로 진실을 찾아나간다. 이 때문에 취재원에게 명예훼손을 입힐 위험이 항상 있게 된다. 취재원의 고의적인 거짓말 등으로 의도와 달리 오보를 낼 수 있다. 그래서 취재당시 진실이라고 믿을 만한 상당한 이유가 있는 경우에는 면책된다는 판례이론이 나왔다. 법적인 배려이다. '진실이라고 믿을만한 상당한 이유'가 원인과 결과를 이어주는 연결고리가 된 셈이다.

사상사적 입장에서 사람은 이성(理性)과 감성(感性)의 동물이라고 한다. 기자들도 마찬가지로 기본적인 디오니소스적 경향(감성)이 있고, 아폴로(이성)를 향한 '당김'의 요구를 갖는다. 디오니소스적 경

향, 즉 주관적인 감성에 치우친 편견, 선입관, 가치관 등으로 타당성
이 떨어지는 논리를 펼치기도 한다. 이는 논리에서 벗어난 표현이라
고 해서 '오류(誤謬)'라고 한다. 그러나 이런 논리적 오류들은 인간
이기 때문에, 즉 인간은 원인과 결과만이 지배하는 이성 뿐 아니라,
감성도 지니고 있어서 어쩔 수 없이 발생하게 되는 것들이다.

논리적 오류

1. 상대방의 잘못꼬집기(인신공격) 오류

- 상대방 논리에 있는 잘잘못보다 상대방의 인격 등을 비난해 자신의 주장을
  정당화한다.

2. 다른 권위에 기대기 오류

- 다른 쪽에서 인정받는 권위를 이용해 자신의 주장에 정당성을 얻는다.

3. 그런 사람이 많다고 유혹하기 오류

- 다수가 어느 사실에 뜻을 같이 한다고 해서 옳은 것은 아닌데도 그 사실을 인
  용해 혼자 떨어져 있으면 불안해 하는 심리를 이용한다.

4. 동정심에 호소하기 오류

- 논리를 떠나 상대방의 연민이나 감정을 이용해서 자신의 주장을 펼쳐 듣는 이
  의 판단을 흐리게 한다.

5. 상대방이 잘 모르는 부분을 공격하기 오류

- 자신이 주장하는 반대쪽을 증명하지 못한다고 자신의 주장을 정당한 것으로
  단정한다.

6. 상대방의 약점으로 자신의 약점 덮기 오류

- 자신의 주장에 잘못이 있지만 상대방이 지닌 약점을 지적하여 자신의 잘못을
  정당화한다.

7. 논점에서 벗어나기 오류

- 주장하는 사실과 상관없거나 모호한 사실로 정당함을 주장한다.

8. 힘으로 겁주기 오류

- 논리가 없거나 논리를 무시하고 강압적으로 자신의 생각이 맞다고 주장한다.

9. 정황을 공격하기 오류

- 어떤 사람이 가진 직책, 직업, 처지, 과거행적 등의 정황을 비난하여 생기는
  잘못이다.

10. 모호한 단어, 문장 쓰기 오류

- 말의 의미, 문법적으로 글이 모호하거나 지나치게 상징적이어서 여러 가지로
  해석이 가능하여 생기는 잘못이다.

11. 싸잡아 말하기 오류

- 개별적인 것이 옳은데, 그것을 전체에 적용하여 모두 옳다고 생각할 때 생기
  는 잘못이다.

12. 대충 쪼개어 말하기 오류

- 전체적인 것이 옳은데, 전체를 개별적으로 쪼갤때도 모두 옳다고 생각해서 생
  기는 잘못이다.

13. 딴 부분을 강조해서 분위기 바꾸기 오류

- 문장중에 특정한 단어나 구를 강조하여 분위기를 달리 만들어 원뜻을 숨긴다.

14. 비유를 고지식하게 풀이하기 오류

- 비유적 의미로 쓴 문장을 사전적 의미로 해석해 생기는 잘못이다.

15. 자기 나름대로 다시 정의하기 오류

- 사전적인 뜻을 자기 나름대로 풀이해 생기는 잘못이다.

16. 겹친 질문하기 오류

- 두가지 이상의 내용을 한 질문으로 묶어 생기는 잘못이다.

17. 횡설수설하기 오류

- 논증의 전제도 없이 자신이 무엇을 주장하려는 것인지도 모르고 이 소리 저 소리를 지껄인다.

18. 성급한 일반화 오류

- 몇몇 작은 사례로 전체가 다 그런 것처럼 생각해 생기는 잘못이다.

19. 원인을 잘못알기 오류

- 실제로는 인과관계가 없는 두 사건이 시간적으로 동시에 일어났거나, 또는 비슷한 시간에 발생했을 뿐인데, 인과관계로 착각해 생기는 잘못이다.

20. 의도를 확대하기 오류

- 실현가능성이 없는 경우까지 어떤 사건을 연장해 생각해서 생기는 잘못이다.

21. 유추하기 오류

- 유추는 모든 경우에 다 적용할 수 없다. 알려진 사실이 비슷하다고 나머지도 같다고 볼 수 없다.

22. 둘 중의 하나로 생각하기 오류

- 여러 가능성을 무시하고 흑백사고방식으로 상황을 두가지로만 생각해 생기는 잘못이다.

23. 순환논증 오류

- 논증하여 증명해야 할 결론을 전제로 하고 다시 논증하여 생기는 잘못이다.

24. 우연에 기대기 오류

여기에서 이성은 온갖 체험들을 선험적, 순차적 등의 단위들로 재해석, 재배열한다. 이로부터 인과율 개념이 발생한다. 필연성의 관념을 낳게 한 인상을 찾아보기 위해 원인과 결과라고 일반적으로 말해지는 대상이나 사건들을 살펴본 결과, 거기서 불변적 연결이라는 관계가 나온다.

흄에 따르면 결국, '결과'를 발생시킨 '원인'의 실체는 "관찰로 이루어진 심리적 습관"에 불과하다. 또한, 기사의 내용은 기사가 작성된 그 당시의 시대 논리를 반영하기 때문에, 시간과 공간이 변하면 그 기사의 내용은 반박되어지고 거짓으로 판명될 수 있다는 것이다.

따라서 기자와 학자들의 공통된 의견은 인과율개념이 시대논리를 반영한다는 측면에서 보면, 기사라는 속성이 시기, 시대, 감성 등을 담고 있기 때문에 과거의 진실을 지금에 와서 반박하여 거짓으로 판명할 수 없다. 기사가 쓰인 그 당시로 소급되어 평가돼야 한다는 것이다. 역사적인 사건의 평가도 마찬가지일 것이다.

인간의 모든 추론은 습관의 효과에 불과하여 각 상황으로부터 파생되는 어떤 인과관계를 명확히 도출할 수는 없다. 즉, 개인의 본능적 취향에 따라 습관의 연합, 혹은 자연적 믿음과 취향을 형성한다. 각기 다른 육체적 조건을 가진 개인은 다른 이익의 개념을 지닌다. 그래서 전통, 경험 등이 요구되어진다고 할 수 있다. 결국은 기사는 '역사적 시기'로 규정됨으로써 진실하게 완성되어지는 것이다.

이성, 인과율

below coach

사물을 판단하는 기준에 경험, 이성, 전통 등이 중시 여겨진다. 이 가운데 이성은 칸트식으로 표현하면, 'Reason'(합리성)과 'Transcendental'(초자연성)로 크게 양분된다. 감리교 창시자 웨슬리는 이성의 개념을 'Reason'으로 보았다. 그는 이성을 논리적, 합리적, 그리고 신앙과 대조되는 인간 능력으로 개념 규정했다. 웨슬리가 말하는 이성은 원인에서 결과로 이어지는 필연성의 문제라 생각되어진다.

흄(D.Hume)도 내적 인상이 어떻게 필연성의 관념을 낳게 되는지의 문제를 자신의 것을 밖으로 투사하고, 객체화시키려는 인간마음의 성향에 의거하여 설명하려고 한 일종의 인과적 설명이라고 할 수 있다. 이 인과율의 필연성은 힘, 효과, 에너지 등으로 환원될 수 있다. 인간의 모든 물리법칙을 따르는 인과질서의 한 부분으로써, 경험을 종합하는 주체로써 간주한다.

이성은 온갖 체험들을 선형적, 순차적 단위들로 재해석, 재배열한다. 이로부터 인과율 개념이 발생한다. 인과율이란 개념을 원인과 작용의 규칙에 대해 사용하는 것은 역사적인 흐름에 있다.

원인(Causa)이라는 용어는 스콜라철학(아리스토텔레스)에서 원인의 네 가지 형태에 대해 말해왔다. 오늘날 사물의 구조나 정신적 내용으로 표현될 수 있는 Causa formalis, 그것으로 사물이 구성되어 있는 물질을 뜻하는 Causa materialis, 그것을 위해서 사물이 만들어진 목적인 Causa finalis, 마지막으로 Causa efficiens가 있다. Causa efficiens(운동의 발상지)만이 오늘날 우리가 원인이란 말로 의미하는 것에 해당된다.

Causa라는 개념이 오늘날의 원인이란 개념으로 변화하는 일은 인간에 의해서 파악된 '실재의 변화에 대한 내적 연관성' 속에서 완성되어왔다. 자연에서 일어나는 사건이 분명하게 결정되었다.

자연에 대한 정확한 지식이 적어도 원리상으로 미래를 미리 결정하는데 충분하다고 하는 기대와 동일시되었다. 한 체계의 미래상태를 현재로부터 명백하게 확정하는 자연법칙이 있다는 것을 의미한다. 이로부터, 필연성이란 관념이 추론되어진다.

철학과 커뮤니케이션 사상문헌의 고전이라 할 수 있는 『플라톤의 대화』- 파이돈(영혼에 대하여)' 에서 소크라테스는 심미아스

(Simmias) -테바이 사람(Thebai), 피타고라스학파의 철학자- 와의 대화 중 웨슬리가 규정한 Reason과 구별되는 Trascendental의 개념이 제시된다. 그는 … 순전히 정신만을 가지고 탐구대상의 각개에 나아가고, 사유함에 있어 이성의 활동에 다가 시각이나 그 밖의 맨 처음 감각을 끌어들이지 않고, 정신 자체의 밝은 빛만으로 참된 존재를 탐구하는 사람만이 그 탐구대상을 가장 순수하게 인식하게 되는 것이 아닐까?… 육체가 우리의 탐구에 개입하여 혼란과 소동을 일으키고, 나아가 우리의 눈을 흐리게 하여 진리를 보지 못하게 하는 것일세, 그러니 무엇이든지 순수하게 인식하려면, 육체를 떠나야 한다는 것을 우리는 분명히 알았다 할 것일세… 라고 표현한다.

합리적인 의미의 Reason(이성) 개념보다는 칸트가 제시한 초월적인 의미의 포괄적 Trascendental(이성)이 시대상황을 반영하는 기사(記事)속성에 적합한 사상개념일 것이다. 초월적인 의미의 포괄적인 이성은 현실에서 신적 권위, 즉 권력, 왕권 등을 상징했으며, 저널리즘에서는 'Trascendental 사고가 지배적이다' 라고 말해도 과언이 아니다.

결국 기사는 그 당시 경제적 수준과 사회를 지배한 권력의 사고가 투영될 수밖에 없어 힘에 의한 조작 가능한 속성을 갖고 있다.

신문기사 문장의 방향성 논의

흔히 신문의 가장 큰 특징은 문자로 표현되고 있어, 인간의 감성보다는 이성을 타깃으로 한다는 것이다.

신문은 라디오와 텔레비전에 비해 인간들의 의견이나 태도형성에 합리적인 기초를 제공해 주는 이성적인 미디어이다. 따라서 신문기사는 수용자들의 의견이나 태도뿐 아니라 국가 정책에도 영향을 미치게 된다.

또한 신문은 기록성과 보존성을 지니고 있다. 콘도싯(Condorcet)에 따르면 글쓰기 체계는 직접적으로 표현하여 기록되어졌다고 한다. 그 기호는 객체가 나타나는 대로 보이게 된다. 관례적인 표현과 보존된 확실한 객체의 특성들로부터 이러한 기호들은 이성적이고, 도덕적인 사고를 상징할 수 있다. 글쓰기는 모든 생각과 말에 대한 관례적인 기호들을 접근하는 기술이 되었다. 이에 따라 신문기사는 법적 시비를 가릴 때, 주요한 증거자료로 사용돼 온 것이다.

매스컴 문장은 불특정 다수 상대

문자(알파벳)는 음향과 가시적인 기호로 묶여진다. 문자언어는 한 번 읽어서 분명하게 이해되지 않거나 명확히 기억되지 않으면, 다시 읽어서 이해를 돕고 기억을 새롭게 할 수 있는 것이다.

'말'은 사람들이 표현했던 생각에서 출발하기 보다는 말의 요소에서 대응하는 제한된 범위의 음향들과 고안된 가시적인 기호들의 결합인가를 관찰해야 한다. 그 유형은 문자(알파벳)로 이끌어진다.

적은 숫자의 음향들은 문자(알파벳)로 모든 것을 말하기 충분하다. 수용자의 시간과 공간 속으로 매스미디어가 예속되어 들어온다는 것이다. 매스컴문장은 불특정 다수를 상대로 하는 문장이다. 읽혀져야 함을 목적으로 한다.

문장표현은 평이, 정확, 간결을 목표로 하게 된다. 그리고 뉴스문장은 정확, 명료, 간결을 원칙으로 한다. 이런 원칙에 따라 신문문장은 간결하게 써야 함을 당연시하고 있다.

그럼에도 독자타깃을 한정해서 엘리트층에 맞춘다면, 신문문장 표현을 어떻게 해야 할지 재고할 여지는 있다.

뉴미디어 문장은 지시적 언어

요즘 신문의 기사는 암시적 언어보다는 지시적 언어가 더욱 빈번히 사용된다. 전자미디어시대에는 그 정도는 심화된다. 이렇게 해서 보다 합리적이고 논리적인 사고가 수용자에게 전달된다. 지배관계에 있어서는 보다 확실한 이념과 사상이 수용자에게 주입되어 정부(권력)가 신문사를 어떻게 지배하느냐에 따라 그것을 구독하는 수용자의 생각과 여론을 지배할 수 있다.

영상매체는 인쇄형식보다 영향력이 강력해졌다. 일단 시청자를 장악하기만 하면, 지적 무감각 상태로까지 몰아넣을 수 있는 선전미디어로 평가된다. 영상매체는 메시지를 직접적, 즉각적 그리고 시청각적으로 전달하고, 특히 선거에 있어서 영상매체의 역할 증대는 유권자들마다 후보를 선택하는 기준을 다르게 했고, 선거운동의 양상을 뒤바꾸다시피 했다.

기사문장의 미래

앞으로 기사문장은 어떻게 변화되어갈까? 새로운 미디어시대를 맞는 기자들은 하루빨리 텍스트, 이미지, 소리 등을 결합시키는 멀티미디어적 시각을 가져야 한다고 한다. 그리고 대화적 양식의 글쓰기 방식을 습득해야 한다는 것이다.

과거 미디어 문장은 주로 간결하고 짧은 구문으로 구성되어 왔다. 하지만 앞으로 컴퓨터 공간으로 전파되는 뉴스는 기자와 독자의 대화방식으로 써져야 한다는 말이다. '대화와 토론'은 과거 무조건적으로 '일방적(재현)'인 언론에서 벗어나, 전자미디어시대에는 수용자참여(재건) 언론도 동시에 일어난다는 쌍방향적 커뮤니케이션의 의미가 담겨있기 때문이다.

커뮤니케이션 테크놀로지

맥루한은 커뮤니케이션 테크놀로지의 변화를 역사의 원동력으로 파악했다. △구어문화(문자가 탄생되기 이전) △문자시대(고대그리스의 호메로스 이후에 발전되어 2천년간) △인쇄시대(1500년에서 1900까지) △전자미디어 시대(1900년에서 현재까지)

기사문 구조형식 :
신문에서 보도의 객관성 문제

기자들의 주관적인 요소

　니체는 '신문기사 논조는 기자들의 감성, 정서, 본능으로 확실히 결정되어진다'고 한다. 그러나 기자들은 사유, 연구, 비교, 증명 등의 요구가 저널리즘에서는 너무 근본적인 것이기 때문에, 그들은 감성(Dionysus)으로부터 이성(Apollo)을 분리시키는 것은 좋아하지 않는다. 그들은 이성, 연구, 논리의 지시에 열중한다. 그럼에도 그들은 평소에 크게 열중하지 않는다. 기자들은 불충분한 시간, 편집장의 독촉, 경쟁, 또는 일순간의 본능으로 인하여 이성을 향해 열중하기 힘들다. 그래서 그들은 기본적으로 디오니소스적 경향이 있고, 아폴로를 향한 '당김'의 요구를 갖는다.

니체의 이성과 감성

니체는 두 가지의 그리스 신들에게 이름을 지어 주었다. - 아폴로, 빛의
신(Apollo, the god of light) 그리고 디오니소스, 술의 신(Dionysus,
the god of wine).

디오니소스는 열정, 신비주의, 주관주의, 자유롭고 일시적인 감성, 직관,
비이성 그리고 어둠의 상징으로 간주될 수 있다. 반면에, 아폴로는 이성,
아름다움, 질서, 교훈, 지혜 그리고 빛이라 하겠다. 디오니소스는 인간들을
사유의 동물 이라기 보다는 감성의 동물로 인식했기 때문에 아폴로의 이성
과 그 밖의 질적 발전(質的 發展)을 실현 불가능한 요소로 보고, 실존에 대
한 열등한 안내로 생각하였다. 그것들은 이성이 아니라 감성에 의하여 동
기 지어진다고 할 수 있다.

따라서 그들은 주관적인 속성을 갖고 있어 '가치와의 관계에서 사
회 실재'를 기술한다. 현실에서는 인간의 욕구와 관심에 의해 조건
짓는 가치가 작용하고 있기 때문에, 즉 가치는 기존의 사실, 사회의
성격을 토대로 형성된 것이라서 이것의 인식도 체제(자본주의)에 상
응해야 한다는 것이다. 기자의 실천적 활동(사건의 취재등)을 통해서
선택된 모든 기사는 기자의 조직 구성을 통해 여과된 이야기(gate
keeping)로써 역사적, 사회적 현실로 대상화된다.

결국, "완전한 객관적 보도는 존재하지 않는다"는 말은 설득력이
있다. 기자들은 무수히 일어나고 있는 행사나 사건, 사안 중 일부를

취사 선택하여 기사를 쓴다. 또한 그 기사의 내용과 형식은 '기사문의 구조와 작성법의 틀'에 맞게 재구성된다.

역피라미드형 기사문구조 (연역법, 두괄식)

바쁘게 생활하는 독자들이 전체기사를 읽지 않더라도 요약만 읽어 기사의 내용을 충분히 파악할 수 있다. 그리고 그들의 흥미나 관심을 즉각적으로 만족시켜 주게 하려면, 기자들은 '역피라미드형'의 기사문의 기본 구조유형을 선택하여 뉴스를 만든다. 이 기사문 구조유형의 장점은 편집상 거두절미를 할 경우 기사의 전체적인 내용에는 큰 차질을 초래하지 않는다. 지면에 따라 기사의 길이를 처리할 수 있으며, 편집기자로 하여금 기사에 대한 제목을 다는 데 편리함을 제공한다. 역피라밋형은 미국의 AP통신사가 최초로 개발한 것인데, 오늘날 세계적으로 뉴스기사 작성에 있어서 표준이 된다.

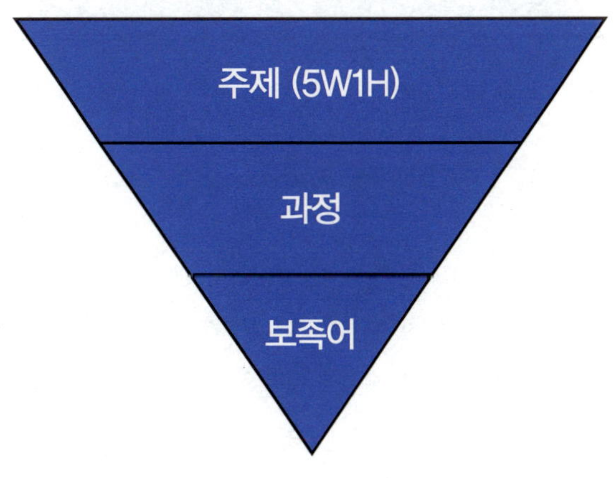

피라밋형 기사문구조(귀납법, 미괄식)

피라밋형은 문학적 혹은 연대기적 유형이라고 하는 데, 이것은 역피라밋형과 정반대가 되는 형태이다. 이것은 주로 의견 기사문이나 피쳐(feature)기사문에 사용되는 데, 어떤 사건에 대한 설명의 한 부분을 도입으로 시작해서 점점 흥미나 서스펜스를 형성하고 마지막에 가서 그 사건의 클라이맥스를 제시하는 데 특징이 있다.

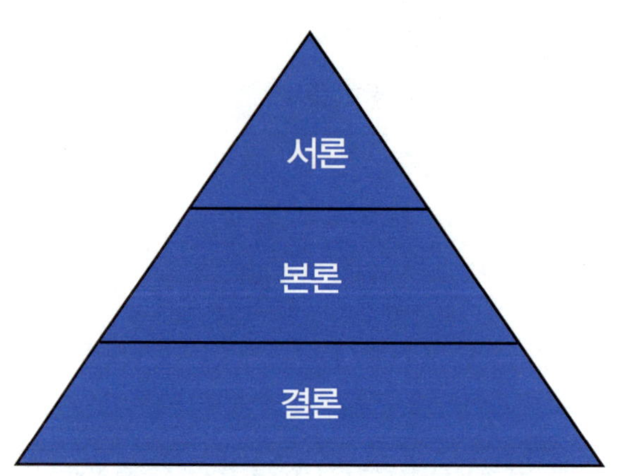

혼합형 기사문구조

혼합형은 수정된 역피라밋형이라고도 한다. 요약문이 맨 앞에 오고, 사실들을 연대기적으로 서술한 본문이 그 다음에 온다.

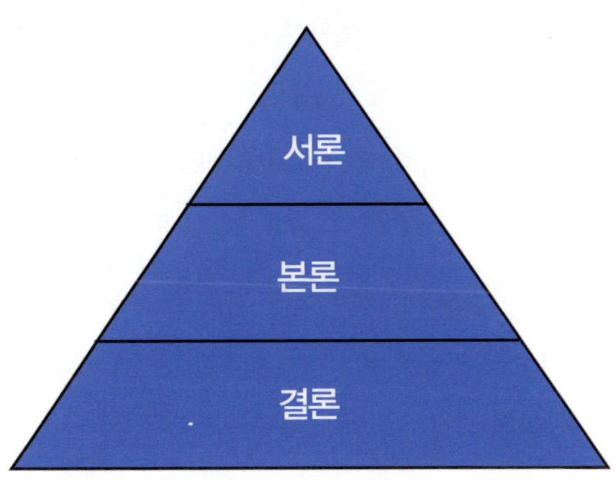

  우리나라에서 뉴스기사문을 작성하는 사람들은 주로 역피라밋형에 따라 기사문을 작성한다. 이 역피라밋 유형은 앞에서 기술한 것처럼, 장점이 많으나, 기사작성이 어렵고, 독자들에게 획일적이고 진부한 느낌을 준다. 따라서 뉴스기사 작성자는 역피라밋형에만 집착하지 말아야 한다. 앞에서 논의한 세 유형 가운데 뉴스기사를 효과적으로 표현함에 있어서 가장 적합한 유형을 선정하여 기사문을 작성하거나, 새로운 유형을 개발하여야 한다.

  요즘 설득력있는 해설기사나 논술에서는 혼합형 기사문구조로 많이 선택해 작성하는 경향이 있다.

제목, 요약문, 본문 세 부분 구성

일반신문 잡지 보다 특히, 사보에서는 기관의 홍보나 사내 조직관리를 위해 필요한 매체도구이라서 딱딱하고 진부한 기사가 창출되는 기사문 구조는 지양되어야 할 것이다.

그리고 뉴스기사문은 대개 제목(headline), 요약문(lead), 본문(body) 등 세 부분으로 이루어지는 데, 그 중에 뉴스기사문의 제목이 차지하는 비중은 매우 높다. 대부분의 사보 독자들은 바쁜 생활을 하고 있어, 뉴스기사문의 구성요소 중 제목만을 대충 훑어보고 관심이 있는 것만 선택한다. 그래서 뉴스기사문의 제목은 뉴스핵심 내용을 단적으로 암시하면서 독자들한테 매력을 주는 것이어야 한다.

또한 전자미디어라면, 그 정도가 더 심해, 암시적인 의미의 기사언어보다 한 번에 알 수 있는 지시적 의미의 것을 사용해야 한다.

보도의 주관성과 객관성

편집자는 언론(사보)인들의 욕구, 가치관, 사회, 경영주의 가치관 그리고 매체의 특성에 적합한 것을 기사거리로 고른다. 그리고 나서 그 취사선택된 기사는 또 다시 뉴스기사문 구조에 맞게 재구성된다. 신문의 '보도의 객관성'은 이러한 요소들에 의하여 결정된다.

그런데, 비판커뮤니케이션학에서는 기존의 체계에 순응된 이러한 '보도 유형 자체'를 객관주의라 한다면, 이러한 보편적인 보도체계의 질서에 대한 '저항'을 주관주의라 주장하는 논의도 있다.

게이트 키핑

1947년 쿠르트 레빈이 회로이론을 설명하기 위해 제시한 것이다. 그는 식품이 그 생산지를 출발해서 가정의 식탁에 오르는 경로를 예로 들었다. 이처럼 한 집단 내에서의 커뮤니케이션 회로를 통해 흐르는 뉴스에서도 똑같이 적용된다고 했다.

가정주부가 식품을 구매하거나 가족들의 식성을 변화시킬 수 있는 역할을 갖고 있는 것처럼, 언론인이 언론사 전체조직에서 뉴스선택 및 처리과정을 게이트키퍼로서 정보유통의 운명을 좌우할 수 있는 것이다.

잠깐 휴식하세요

논술에서 '논술문의 요건을 갖추어 쓰라'는 것은 서론-본론-결론 단락을 만들어 자신의 주장을 분명히 담으라는 뜻이다. 대체로 서론에서는 문제를 제기하고, 본론에서 논거를 제시하고, 결론에 가서 논지를 편다. 이같은 글의 설계는 즉흥사고법과 단계별 사고법으로 쓸 수 있다. 즉흥사고법은 의식속에 들어 있는 생각을 머리밖으로 끄집어내는 방식이며, 자신이 주장하고자 하는 결론을 먼저 생각하고나서, 그 다음에 결론을 뒷받침할 수 있는 본론을 생각한다. 그리고 서론으로 정리한다. 기사작성 방식도 이와 같아서 논술문 쓰기의 좋은 기준이 된다.

신문(사보)의 컨텍스트

텍스트(Text)와 컨텍스트(Context)라는 말이 있다. "당신의 텍스트는 무엇입니까?" 라는 물음에, 기독교인이라면, "성서"라고 대답할 것이다. 이렇게 볼 때, 아마도 '텍스트'란 포괄적으로 삶을 살아가는 데 있어 교과서, 또는 지표라고 말할 수 있겠다.

그래서 영어로 교과서를 textbook이라고 한 이유는 여기에 있을 듯 하다. 그렇다면, 컨텍스트란 무엇인가? 사전적 의미에 문의하면, 컨텍스트란 문맥, 사건의 전후관계, 현실상황 등으로 규정한다. 그리고 전통적으로 커뮤니케이션 학자들은 컨텍스트를 두 개의 쌍(dyadic), 소규모 집단(small group), 조직, 공공, 매스 커뮤니케이션 체계로 개념정의 했다.

특히, 사회적 정황에서 간단히 텍스트를 이념으로 본다면, 컨텍스트를 사회적 맥락이라고 억지로 개념 규정할 수 있다.

신문은 순수하게 편집자의 독자적 생각과 이념으로 신문을 제작할 수 없다. 신문의 컨텍스트가 고려되어야 한다. 컨텍스트의 기초적 지식배경은 정신 분석학자 지그문트 프로이드(S. Freud)와 정치경제학자 칼 마르크스(K. Marx)의 두 기둥에서 찾을 수 있다.

프로이드는 인간의 사고를 무의식과 의식으로 나누고, 무의식이 의식을 지배한다고 규정한다. 이것을 신문매체에 적용하면, 신문 제작자와 수용자의 욕구는 신문의 목적과 기획의 내용을 결정한다고 바꾸어 표현할 수 있다. 그리고 마르크스는 하부구조(경제)가 상부구조(정치, 문화 등)를 결정한다고 규정한다. 신문매체에 적용하면, 그 사회의 경제(생산력과 생산관계)가 신문의 내용과 외형 기획을 규정한다는 의미이다.

신문은 경영주와 제작자로 이분화 된 구조로 되어있다. 경영주는 주로 그 조직체의 이윤창출에 관심을 갖는다. 반면, 신문제작자는 자신과 수용자의 욕구에 관심이 많다. 그렇다고 해서 경영주는 수용자의 욕구에, 그리고 제작자는 이윤창출에 전혀 관심이 없다고 말하는 것은 아니다. 제작자는 자신과 수용자의 욕구에 적합하게 신문을 기획하여 제작한다. 그러니 경영자는 이윤창출(경제)의 입장에서 신문제작자를 견제한다. 경영주와 제작자는 쌍방적 의사 상호작용을 이루는 것이 바람직하나, 경영주는 제작자를 견제하여 이윤창출을 극대화시키려 한다.

제작자는 자신과 수용자의 욕구에 의해 사보의 내용과 기획형식을 결정시키고, 그 결정된 신문의 형식은 경영주에 의해 또 다시 이윤창출이라는 경제논리로 제한된다. 이러한 신문의 컨텍스트는 '신문을 이해' 하는 데 기본적인 전제이다.

신문과 사보 구별점

신문사는 편집국과 경영자라는 이분화 된 구조로 되어있다. 기자(편집자)는 경영자로부터 편집권의 독립을 주장하며, 서로 갈등관계에 있다. 사보도 일반신문(잡지)과 마찬가지라는 말이다. 그러나 사보는 흔히 '기관지' 라고 하여 특정적인 기관에 소속된 사보 제작자의 욕구가 반영 될 가능성이 매우 높다. 이것이 일반신문(잡지)과 다른 특이한 점이다.

조직체의 기능에는 △ 과제 수행의 기능 △ 조직 유지의 기능 △ 인간 욕구충족의 기능 등이 있다. 사보에서는 이러한 기능들이 일반신문(잡지)보다 더 구체화되고 강하게 나타난다고 말할 수 있다.

그렇지만 이는 정도의 문제이지, 일반신문(잡지)처럼 사보도, 결국 경영주로 인한 사보 제작자와 수용자의 욕구 '가다듬기' 편집으로 사보의 내용과 외형적 형식은 '허위의식' 을 갖는다. 트레시(Destatt de Tracy) 이후 마르크스는 이데올로기를 허위의식으로 간주한다. '자본주의 사회에서 개인의 노동을 자신의 삶의 의미로 여김'은 허위로 간주된다.

마르크스는 이데올로기를 관념으로 여기는 대신에, 자본가들이 권력을 유지하기 위해서 고안한 것이라고 본다. 다니엘 벨(Daniel Bell)은 『이데올로기 종말』(1960)에서 기술이 이데올로기를 대치시킨다고 본다. 기술관료의 판단은 과학에 기초하여 객관적 지식에 의존하고 컴퓨터로 작동된다. 사보기자들은 이러한 체계에 영향을 받는다. 그럼에도 사보는 일반신문 보다 허위의식의 정도가 약할 수 있는 가능성만 있게 된다. 그 이유는 사보가 그 조직체의 특정욕구를 무시할 수는 없기 때문이다.

그런데 사보 경영주가 이윤창출을 너무 강조하여 오히려 사내 커뮤니케이션과 대외 PR 매체로서의 사보 역할을 축소시킬 수 있다. 이에 따라 사보의 편집 내용은 △ 경영의 핵심적인 부분을 피해가거나, 노사간의 갈등 문제의 노출을 꺼린다. △ 상의 하달 기능에만 치우칠 수 있다 등의 문제점을 갖고 있어 경영지원 수단으로서의 기능 수행이 매우 미흡하게 된다. 더 나아가 이러한 문제점들의 확장은 사보 제작자의 전문성이 고려되지 않을 뿐만 아니라, 제작자 스스로 전문성을 유지하고, 발전시키려 하지도 않는다. 그럼으로써, 사보 제작자의 편집권이 경영자에게 더 강하게 종속된다.

사보 본연의 기능을 보다 심층적으로 수행할 수 있게 하기 위해서는 우선 사보 담당자의 전문성 확보, 그리고 제작자와 경영주의 상호

작용이 필수적이다. 이러한 사회적 책임이 이루어질 때, 조직체 생존의 한 수단으로, 더 나아가 건전한 대중문화를 선도하고 창조하는 기반으로 사보의 컨텍스트가 생성된다.

이는 조직내 구성원들의 인간적인 욕구를 충족시키고 조직의 생산성과 능률을 높여 경영을 원활히 해준다(사내보). 또한 조직을 둘러싼 환경을 개선하고 기업의 이미지를 높이며, 관계 공중들로부터 호의(good will)를 조성시킨다. 나아가 마케팅을 촉진시켜 더 큰 이윤을 추구하는(사외보) 구조가 된다.

편집회의 가능형식 : 호의

취재를 하고 기사를 작성할 경우, 대체로 기자의 일방적인 선택에 의하여 취재가 기획되고 기사작성방식이 결정되는 경우는 드물다. '편집회의'라는 과정을 거치게 된다. 편집회의내용은 위계질서를 중시하는 신문사(사보)의 특성상, 편집장 혹은 팀장에 의해 주도적으로 결정되는 경우가 많다. 선배 기자들이 취재경험이 많고, 회사의 분위기를 더 많이 알고 있어 시행착오를 줄일 수 있다는 발상에서 나온 것이다. 그럼에도 다양한 경험이 필요하고, 가변적인 상황이 항상 있다는 것을 인정한다면, 이를 바람직하다고만 말할 수는 없다.

가다머의 편집기획

칸트(I. Kant)는 '선의지'(gool will)를 도덕적 관념으로 '악'(evil)의 반대 개념이라고 했다. 그는 요청된 선의지를 말했고, 그것은 '해야만 하는' 당위성을 의미한다.

그러나 가다머(H. G. Gadamer)가 말하는 선의지는 요청되고, 결정된 게 아니다. 분명 거의 완벽에 가까운 기획이 존재 할 수도 있다. 편집진은 완벽한 기획을 위해 끊임없는 대화, 그로 인한 물음에 대한 대답, 그럼으로써, '보다 나음'으로 진행하도록 재촉하고 반박한다. 가다머는 이를 '호의(好意)'(선의지)라고 했다.

이러한 가다머의 선의지의 논리형식과 내용으로 신문편집(사보)의 기획이 진행되고, 이에 따른 결과물이 도출될 필요가 있다.

대화과정

가다머에 있어 대화의 과정이란 해석자로서의 수용자(나)와 나를 상대로 질문을 제기하는 (너)의 관계맺음으로 파악한다. 나와 너의 관계맺음은 끊임없이 질문과 대답을 주고받는 과정인 것이다. 대화의 과정에서는 누구도 상대방을 지배하려하지 않으며 다만 이해하려고 한다.

※칸트의 사고방식은 도덕적 판단을 낳았고, 가다머로 부터는 윤리적 판단이 도출됐다. 예컨대 도덕적 판단으로 휴지를 항상 쓰레기통에 넣어야만 한다면, 길거리가 깨끗해져서 환경미화원들이 일자리를 잃게된다. 이에 따라 윤리적으로 판단하면, 휴지를 항상 쓰레기통에 넣어야 하는 것은 고려해 볼 만하다.

잠깐 휴식하세요

항상 옳은 게 정해져 있다고 보기에는 어려워요. 신문편집기획과 논술의 기본 기세이겠죠. 서로 이해와 대화를 통해 보다 옳은게 뭔지 찾아가는 것이겠죠.
대화를 많이 하고 독서를 많이 하라는 의미는 책과 대화를 통해 다른 사람들이 이 문제를 어떻게 생각하는지 알 수 있기 때문이에요.

Chapter 03

언론의 기조와 방향성

- □ 기사논조 방식에 따른 마케팅론 : '비판하기' & '좋은 말하기'
- □ 보수언론, 진보언론 : 이데올로기 산물
- □ 카피레프트 출현 동향 : 정보공유로 '몰계급성'

보론 ■ 저작권의 '표현과 아이디어' 이분법

기사논조 방식에 따른 마케팅론
'비판하기' & '좋은 말하기'

개는 주인이 입을 다물라고 하면 입을 다문다. 그러나 인간이 그럴 수 있는가? 빵을 아무리 많이 준다고 해도 그렇게 하라고 강요할 수 있는가? 그러나 한국인은 그렇게 살았다.

철학자 박병기

신문사는 어떻게 돈을 벌어들일까? 종이인쇄신문은 구독률을 늘이거나, 광고를 게재하는 방법이 일반적이다. 인터넷신문일 경우는 회원가입을 유도하고, 회원정보자료를 뒷거래를 통해 기업에 맞는 맞춤마케팅을 제공하는 방식이 추가로 등장할 수 있다. 또한 정보이용료를 부가해 유료화를 꾀하기도 한다. 이밖에도 신문사별로 여러 수익모델이 있다.

그러나 현재 주로 광고 수입에 의존하는 무가지 등이 난립하면서 신문사별로 광고수익은 크게 줄어들고 있는 실정이다.

신문사 기자는 기사를 작성해 정보를 독자들에게 제공한다. 양질의 정보일수록 구독률이 증가되고, 이에 따라 신문지면에 자연스럽게 정부, 공공기관이나 여러 기업에서 신문지상에 광고를 게재하게 되어 신문사의 매출이 증가된다.

언론학자 리틀 존(Stephen W. Littlejohn)에 따르면 광고는 20세기 초반에 커뮤니케이션 연구에서 상업적인 큰 관심거리로 등장했다. 심지어는 대학에서조차 커뮤니케이션을 더 잘 파악 하고자하는 마켓산업의 욕구에 의해 진행되었다.

인터넷에는 양질의 '정보의 홍수'로 넘쳐나고 있다. 그렇다면 정보들을 제공하는 인터넷 기업들은 재벌이 되었다는 말인가? 실상은 그렇지 않다. 몇몇의 인터넷기업만이 흑자이고, 대부분의 인터넷기업들은 적자로 도산하고 있는 실정이다.

신문은 흔히 언론이라고 한다. 정보만을 제공하는 기업과는 다른 신문사는 국민들의 여론을 선도하고 형성시키며, 이를 기초로 수익을 내기 위한 마케팅을 하게된다. 신문사는 정보만을 제공해서는 매출을 증가시킬 수 없다는 판단이 지배적이다. 그 결과 신문사 기자의 정보제공은 광고와 연결시키지 못하면 신문사의 생존기반이 무너지게 될 것이다.

비판하기 & 좋은 말하기

신문사는 대체로 정보제공을 '광고 얻기'와 연결시키기 위해 편집방향을 설정할 때, 두 가지 기사논조를 취한다.

대상에 대해 '비판하기'와 '좋은 말하기'가 있다. '비판하기'는 시(市)나 국가 등의 정책과 기업활동에 대해 모순을 지적, 비판해 잘되도록 감시하려는 논조를 말한다. 반면에 '좋은 말하기'는 모순이 거의 없으며, 잘됐다고 평가해 보도하는 논조를 의미한다.

흔히 비판하기는 간단히 '조지다'라는 말로 표현하기도 하는데, 사전적인 뜻으로 '호되게 때려 잘되게 하다'는 전략적인 의미가 담겨있다.

신문사는 정보제공을 통한 구독률의 수익만으로는 운영되기 어려워, 기업 등의 광고수익이 있어야 한다. 때되면 들어오는 관공서나 기업의 고정적인 광고가 들어오지 않으면, 기자가 정부, 관공서나 기업의 문제들을 발견해 호되게 때려 비판하는 기사를 신문지상에 내보낸다. 정부 기업 등은 '잘 봐달라'는 의미로 광고를 게재하게 되는 것이다.

　신문사 기자는 광고게재용의 기사를 작성하게 됨에 따라, 기업 등이 도산하게 될 결정적인 단서는 눈감아 준다. 주변적인 사실들만 신문지상에 폭로하게 되는 것이다.

　반대로 기자가 '좋은 말하기' 기사 논조로 관공서나 기업 등의 잘된 사실들을 설득력 있게 독자들에게 보여주면, 기업은 그것에 대한 대가로 자사의 광고를 신문지상에 게재하게 된다. 결국은 신문사 기자가 광고를 얻기 위해 '얼마나 정부나 기업들의 사안에 대해 중요하고 결정적인 문제들은 눈감아주고 좋은 말을 해주었느냐' 가 곧 기자의 능력으로 평가받고 있는 것이다.

　신문자유의 규정은 법률적으로 명문화하고는 있지만, 구체적인 의미나 자유허용의 정도는 그 나라의 실정과 법의 운영에 따라 다를 수가 있어 정도차이는 있다. 특히 우리 한국언론은 무조건 신문사가 앞뒤를 가리지 않고, 비판하기만 한다든지, 좋은 말하기만 하게 되면, '광고 받기' 대신 '소송과 권위추락' 을 빈번히 겪게 되어 신문사의 존립위기가 오게 된다. 이에 따라 우리나라는 신문자유가 있어도 정부와 기업의 광고라는 족쇄가 묶여 있는 것이다. 정론지를 기대하기 어려운 언론환경이며, 신문구독자들은 항상 오보를 직면하며 살고 있다고 해도 과언이 아니다.

'보수언론, 진보언론' :
이데올로기의 산물

진실은 균형 잡힌 감각과 시각으로만 인식될 수 있다. 균형은 새의 두 날개처럼 좌와 우의 날개가 같은 기능을 다할 때의 상태이다. … 진보의 날개만으로는 안정이 없고 보수의 날개만으로는 앞으로 갈 수 없다.

언론학자 리영희

　　세상을 살다보면, 자신도 모르게 '보수적' 혹은 '진보적'이라는 평가를 받게 된다. 어느 날 친구가 당신에게 다가와서 현실에 너무 집착하는 모습을 보고 '이 꼴보수(?) 같은 이라고' 말하며, 멀리멀리 사라져가기도 한다. 이를 무작정 감성적인 차원에서 보는 것은 왠지 부족한 측면이 있다. 우리가 자주 접하는 언론에서도 '저 신문 너무 보수적이야', '정부 기관지야' 등으로 단정하며, 공식적으로 비판을 하고, 이와 반대로 과도한 진보성에 대해서도 비난하기 때문이다.

　　그렇다면, 보수와 진보라는 말이 무슨 뜻일까.

보수 진보 나누는 기준은 '논리'

　보수와 진보라는 말은 감성적인 잣대에서 유래된 것이 아니다. 이를 알기 위해서는 '논리'라는 잣대를 사용해야 한다.

　논리란 「인간이 이 세상에서 잘 살기 위해, 일상을 합리적으로 적용하게 하는데 필요한 용구」라고 한다. 한마디로 논리는 혼란한 모습으로 나타나는 실재세계를 일정한 질서, '법칙'으로써 잡아낸다. 이에 따라 논리는 실재세계의 물질적 구조에 바탕을 둔 법칙에 합치되는 것이라면 정당화 될 수밖에 없다.

'변증법'이라는 논리

　논리로 바라본 세상은 '변증법적(辨證法的)'이라는 논리학을 등장시킨다. 남부이탈리아의 서해안에 있었던 엘레아라는 그리스인의 식민도시에서 활약했던 엘레아학파(제논의 변증법)에서 마르크스-레닌주의 고전대가들은 변증법의 근본사상을 거듭해서 다듬어 왔다.

　변증법은 초창기 그리스철학에서 타인을 설득하는 대화방법을 의미했다. 변증법은 대화를 통하여 보편타당한 것으로 나아가는 기술이다. 그러나 점차 자연, 사회사고의 보편적인 발전법칙에 관한 학문을 의미하게 되었다. 세계를 끊임없는 발전으로 파악한 초기불교에서는 변증법적 직관방식이 나타난다.

　초기불교이론의 초석을 쌓은 나가르주나의 유명한 2진리론에 의하면, 「모든 진리는 더 낮은 진리와 더 높은 진리로 구분된다. 더 높은 진리는 또 그것보다 더 높은 진리에 의하여 비진리로 지양되는 방식으로 점차 높은 진리에 도달할 수 있다」고 한다.

지양되는 방식에서 '지양'이란 용어는 독일어로 '아우프헤벤(aufheben)'이라 하여 '부정한다, 높인다, 보존한다'는 의미가 있다.

사회발전 이끌어 내면 진보언론

변증법적 사고의 기초가 되는 일반적 특징으로 모순, 변화, 발전을 들 수 있다. 모순을 발견하고, 지적하여 변화시키면 발전한다는 의미를 갖고 있다.

엥겔스는 이를 '위대한 근본사상'이라고 칭송하기도 했다. 엥겔스에 따르면, 세계는 기존의 완성된 사물들의 복합체로 구성되어 있는 것이 아니라 과정들의 복합체로 구성되어 있다고 한다.

처음에는 절대로 변하지 않을 것처럼 보이는 사물도, 두뇌에 의하여 만들어진 사물의 사유적 모방인 개념도 다같이 끊임없이 변화하면서, 혹은 생성하고 혹은 소멸한다. 결국 모든 외견상의 우연성과 일시적인 퇴보에도 불구하고 발전으로 이어진다는 것이다.

이 같은 발상, 혹은 법칙이 언론에 적용되면, 이를 '진보적인 언론'이라고 평가를 내리는 것이다. 사실 그대로 보도하는 것을 흔히 진보언론이라고 말하는 오해를 갖고 있지만, 조작해 낸 언론이라 할지라도 사회적 발전으로 이끌어낸다면 진보적인 언론인 셈이다.

시행착오논리

반면에 비판적 합리주의의 선도적인 이론가로 등장하는 칼 포퍼(K. Popper)는 발전적인 의미보다는 '시행착오(trial and error)의 논리' 임을 밝히고 있다.

포퍼(K.Popper)에 의하면 검증에 의해서가 아니라 오류임을 밝혀 반박을 통해서 새로운 자연과학적 가설과 이론에 이른다. 오스트레일리아에서 검은 백조를 발견함으로써 '모든 백조는 희다' 는 일반명제를 부정하고 이 명제의 오류를 밝힘으로 희지 않은 백조들이 있다는 실제적인 명제를 이끌어낸다.

모든 기존의 논박을 극복했을 때 가설이나 이론은 진리로 또는 입증된 것으로 간주될 수 있다. 따라서 과학은 진리의 확고한 소유가 아니라, 진리를 향한 점진적 접근으로 이끄는 끊임없이 전진하는 과정, 끊임없는 수정과 발견의 과정으로 나타난다. 발전이 아닌 변화만 존재하는 것이다. 변화는 나아지는 것이 아니라 새로운 유행 정도 등장했다는 논리를 갖고 있기 때문에, 구태여 변화를 고집하지 않는다.

이 같은 발상이 언론에 적용되면, 이를 '보수적인 언론' 이라고 평가를 내리는 것이다. 조작해 낸 언론을 흔히 보수적인 언론이라고 매도하지만, 옳은 것을 찾아내기 위해 정보를 계속 발견하여 사실 그대로를 보도하려고 한다면 보수적인 언론이다.

그렇다면 보수적인 언론을 왜 비난하는 이가 많은 것일까.

정부권력 : 보이지 않는 집단이념 창조

헤겔은 변증법적 발전에서 낮은 단계가 부정되고, 높은 단계로 이행해갈 때 낮은 단계에 있던 낡은 질(質)이 모두 부정되어 버리는 것이 아니라고 한다. 그중 적극적인 의의가 있는 부분이 높은 단계에 있는 새로운 질 안에 한 계기로써 보존되는 사태를 나타낸다고 말한다.

헤겔은 내재적 실재론을 말한 것이다. 아무리 변화하고, 발전하려고 하여도 정부(권력)를 벗어날 수 없다는 의미일 게다. 정부권력은 보이지 않는 집단이념을 유지, 보존, 창조해 낸다.

보수적인 언론이 사실 그대로를 보도하려고 하여도 결국은 정부

below coach　　**보이지 않는 집단이념**

사람들은 흔히 조직을 만들고 산다. 조직에서 벗어나면 왠지 왕따당했다고 생각한다. 왕따를 당하면 혼자 다니기도 하면서 자살충동도 일어나고 급기야 자신의 목숨을 끊기도 한다. 긍정적인 면이 없는 것은 아니다. 아웃사이더(out-sider) 혹은 이방인이라고 하여 창조적인 발상까지 하는 유명한 예술인이 되기도 하고, 조직에서 독특한 카리스마를 갖는 CEO가 되기도 한다. 그럼에도 대부분 사람들은 조직에서 일탈하지 않기 위해 부단히 노력한다.

흔히 사람들이 만든 조직을 '공동체' 라고 하는데, 이를 지배하는 보이지

않는 집단이념이 있다. 루소는 일반의지, 헤겔은 보편정신이라고 했고, 마르크스는 계급의식, 혹은 이데올로기라고 파악했다.

이것이 형성되는 마당을 하버마스는 공개장(offentlichkeit)이라고 불렀다. 하버마스가 명명한 이 공개장의 의미는 신문지상 등에서 자유롭게 자신의 의견들을 피력할 수 있는 긍정적인 공간의 의미를 갖는다.

사람들은 태어나면서부터 이 집단이념을 답습하고, 탈출할 수 없게 된다. 그래서 사람들은 이 같은 이념의 울타리를 의식하고, 배우며, 적응한다. 만일 이 집단이념을 뛰어넘어 생각하거나 행동하게 되면, '일탈'이라는 낙인이 찍히고, 제재를 받기 때문에 인간의 사고와 행위는 이 집단이념의 지시를 따를 수밖에 없다. 이 집단이념은 개별구성원을 하나로 묶어 공동체가 되게 하는 통합의 힘을 갖는다.

보이지는 않지만 강한 구속력이 있는 집단이념은 정치적인 권력구조와 사회변동에도 영향을 주었고, 쉽게 권력구조와 사회구조가 바뀌지 않는 원인을 제공하기도 한다. 정보화 사회에서는 패놉티콘(Panopticon, 원형감옥)이라는 말을 쓴다. 이 패놉티콘은 죄수들이 원형으로 된 감옥에 수감되어 간수는 죄수들의 생활을 모두 관망할 수 있지만, 죄수들은 간수를 전혀 볼 수 없도록 해놓은 시설이다. 정보화 사회가 진행되면서 사회로부터 점차 개인이 감시받는 구조로 바뀌고 있음을 시사하는 용어다.

결국 이 집단이념은 언론 표현의 자율성도 규정하고, 언론은 무의식적으로 이를 동의하고 주장하게 된다. 나아가서는 언론이 이를 반영하고, 재생산까지 하여 국민의 여론을 주도하게 된다.

권력이 조작해 낸 것을 보도하게 된다는 것이다. '부처님 손바닥'을 벗어날 수 없는 것이다. 그래서 진보적인 언론은 정부가 조장한 사실 그대로의 이슈를 조작해서라도 사회발전으로 이끌어내려는 것이다.

뉴스의 가치는 시의성, 인간적 흥미성, 사건의 근접성, 영향성, 진실성, 공정성 등의 기준에서 판단될 수 있다. 여기에서 보수와 진보라는 의미는 진실성에서 비롯된 물음이 아니라는 것이다. 공정성이 궁극적인 물음이 될 것이다.

언론이 속한 지역사회나 국가의 이익, 보편적 규범이라는 포괄적인 잣대에 의한 유동적인 개념인 것이다. 언론이 '진보적이다' 라는 말을 듣고자 한다면, 발 빠르게 상식적이고 보편적인 규범 안에서 지역사회 혹은 국가의 이익을 판단하여 기사화 시켜야 한다. 단지 진실성만을 고집해서는 안 된다.

그런데 보수언론의 장점이 있다면, 정부의 시책을 정확히 알 수 있다는 점이다. 또한 진보언론의 장점이 있다면, 정부의 시책을 정확히 알 수는 없으나, 현재위치에서 벗어날 수 있다는 희망의 메시지를 얻을 수 있다는 것이다.

기업, 국가발전 위한 '진보언론'

요약하자면, 일반인들이 흔히 노조측의 입장이 아닌 정부나 사측 입장의 논조를 갖고 있는 언론을 흔히 '수구언론' 혹은 '보수언론'이라고 치부하나, 이는 잘못된 판단이다.

개인 뿐 아니라 언론에 대해 무작정 감성적인 차원에서 애매모호한 잣대로 '보수적' 혹은 '진보적'이라는 평가를 내리는 것은 왠지 설득력이 없고, 부족해 보인다.

보수와 진보를 나누는 기준이 단지 '정부, 사측의 입장이냐, 아니냐'에 따라 판단하는 것은 위험한 발상이라는 것을 조금은 깊이 있게 생각해 봐야 할 문제이다. 사실 그대로 보도하는 것이나, 반정부적이며 노조측 입장의 논조를 갖는 언론을 흔히 진보언론이라고 말하지만, 조작해 낸 언론이라 할지라도 사회적 발전으로 이끌어낸다면 진보적인 언론인 셈이다.

그리고 정부, 사측의 입장에 편들거나 조작해 낸 언론을 흔히 보수적인 언론이라고 매도하지만, 사회발전의 저해를 감수하더라도 옳은 것을 찾아내기 위해 정보를 계속 발견해 사실 그대로를 보도하려고 한다면 이를 보수적인 언론이라고 말할 수 있는 것이다.

정치권력은 일반적으로 '보이지 않는 집단이념을 유지, 보존, 조작해낸다'는 특성을 갖고 있다. 따라서 보수언론이 사실 그대로를 보도하려고 해도 정부권력이 집단이념을 만들어 낸 것들을 보도하게 된다는 것이다. 그래서 진보언론은 정부가 조작한 사실 그대로의 이슈를 또 다시 파헤치고 재평가해서라도 사회발전으로 이끌어내려는 것이다. 한마디로 진보언론은 사회발전과 진실성의 결합이라고 하겠다.

카피레프트 출현 동향 :
정보공유로 '몰계급성'

컴퓨터에 의해 매개된 커뮤니케이션, 흔히 인터넷상 커뮤니케이션이 새로운 공간영역을 만들어내고 있다. 정보통신의 이 같은 변화는 현 자본주의의 체계에서 이를 어떻게 적용해야할지 자연스럽게 논란거리로 등장하고 있다. 커뮤니케이션 기술의 변화는 단순히 기술의 문제만이 아니다. 이데올로기 선전의 과정이 끼어들 여지를 갖게 되고, 경제적인 관계도 달리 적용될 여지가 충분한 것이다.

이에 따라 인터넷 등에서 넘쳐나는 정보의 저작권이 현사회의 부의 상징인 부동산처럼 재산의 개념으로 크게 부각되고 있다. 그러면서 저작권의 소유문제가 크게 논란거리로 등장하고 있다.

인터넷시대 지적재산권 권리침해

지적재산권은 정신적 · 무형적 재화를 그 보호대상으로 하는 권리를 말한다. 무체재산인 산업·과학·문학·예술분야에서 발생하는 신기술이나 창작물 등도 기존의 유체재산에 대한 소유권과 마찬가지로 보호되어야 한다.

지적재산권은 그 보호객체가 무형적·추상적이어서 현실적·직접적 점유가 불가능함에 따라, 타인에 의한 도용·표절·전파와 다수에 의한 동시이용 및 재전파가 쉽다는 특징을 갖는다. 특히 인터넷 시대의 도래는 시간·장소·수량의 제한이나 질의 저하 없이 권리침해가 이뤄지고 있다. 그러나 그 발견과 구제가 쉽지 않다는 점에서 더욱 더 보호의 필요성이 요구되고 있는 것이다.

경제적 이유로 저작권제도 존재

저작권제도의 존재이유는 △자연적 정의의 원칙 – 저작자는 다른 근로자와 마찬가지로 자신의 노력의 열매를 거둬들일 권리가 있어 저작자에게 지급되는 사용료(로얄티)는 그의 지적활동에 대한 임금인 셈이다. △경제적 이유 – 이용자에게 투자비용이 든 창작자의 저작물이 전달되는 과정에서 창조적으로 기여한 자에게 정당한 보상을 하지 않으면, 부당이득을 방조하는 결과가 된다. △문화적 이유 – 창작에 대한 격려와 보상은 민족문화 발전(공공이익)에 기여한다. △사회적 이유 – 다수인에 대한 저작물의 배포는 계급 민족 연령간의 유대를 형성하고 사회적 결속을 가능케 한다 등이다.

이상 네 가지 주장은 경제체계, 사회체계에 따라 다르다. 영국 미국 등 영미법계(copyright system)는 기본적으로 경제적인 이유에서 저작권제도의 존재이유를 설명한다. 그러나 독일이나 프랑스와 같은 대륙법계통(author's system)은 자연적 정의의 원칙에서 저작권은 저작자의 권리이며, 재산적 성질 뿐 아니라 인격적 성질도 저작권속에 포함시킨다. 우리는 주로 대륙법 계통을 따르지만, 현재 이러한 차이가 크게 강조되고 있지는 않다.

저작권(copyright)은 저작물을 창작한 자인 저작자가 갖는 권리로서, 크게 양도가능한 복제권·배포권·전송권 등의 저작재산권과 일신에 전속하는 저작인격권으로 구분된다.

저작권은 저작한 때부터 발생하며, 어떠한 절차나 형식의 이행을 필요로 하지 아니한다. 저작자가 생존하는 동안과 사후 50년간 보호되는 것이 원칙이다. 이후에는 공유(public domain)에 속한다. 저작권은 그 자체로 내재적 한계가 있다.

공익 등을 위해 특정한 경우 저작재산권자의 허락없이 저작물을 자유롭게 사용할 수 있도록 그 권리가 제한되기도 한다. 이를 자유사용(free use) 또는 공정이용(fair use)이라고 한다.

저작권의 무방식주의

저작권을 얻으려면 어떤 절차나 형식이 필요한가? 이에 대한 답은 저작권의 경우 저작한 때부터 발생하며 어떤 절차나 형식의 이행을 필요로 하지 않는다. 어떤 절차나 형식을 필요로 하는 것을 '방식주의'라고 한다. 그렇지 않을 경우 '무방식주의'라고 하는데, 저작권은 한마디로 무방식주의를 따른다는 것이다.

문학예술적 저작물의 보호를 위한 베른협약에서 무방식주의를 취한 이후 세계 대부분의 나라들이 무방식주의를 따르고 있다.

우리도 저작권의 무방식주의를 취해 저작물을 창작하면 바로 발생하고 보호되며, 어떤 절차나 표시 또는 형식의 이행을 필요로 하지 않는다. 이점에서 등록을 해야 권리가 발생하는 특허권 등의 산업재산권과 구별된다.

베른협약은 1886년에 성립됐고, 독일 프랑스 중심의 저작자 관리체계와 영국중심의 저작권체계의 결합이었다. 이에 따라 개정시에는 항상 만장일치를 요하도록 규정했으며, 창설국들이 식민지 종주국들로서, 이들 종주국의 선언만으로 그들 식민지에 조약이 적용됐다.

베른협약이 성립된 후 지금까지 2번의 추가의정서와 5번의 개정이 있었다. 1971년 파리개정협약이 현행규정이며, 여기에서 저작자의 권리향유에는 등록납입 저작권 유보의 표시와 같은 어떠한 방식절차도 필요로 하지 않는 무방식주의(베른협약 제5조 제2항 전단)를 기본원칙으로 채택했다.

저작물의 복제물을 보면 ⓒ 표시나 'All Rights Reserved'라는 표시를 하는 경우가 많다. ⓒ표시는 미국과 라틴아메리카 일부국가들이 특허실용

신안 상표 등 산업재산권 보호에 대한 파리협약처럼 방식주의를 취했던 관계로 이들 국가에서 저작권을 주장하기 위해서 세계저작권협약(UCC)에 따라 행해진 표시이다.

그러나 미국도 외국인의 저작물에 대해 방식주의를 포기하고 무방식주의를 취하게 되면서부터 이러한 표시의 법적 의미는 상당부분 상실됐다. 이 같은 표시를 하지 않아도 저작권이 발생하는 데에는 아무런 지장이 없게 된 것이다. 따라서 저작권은 속지성이 크게 완화된 모방금지권이라서 우리의 경우 저작물에 대한 식민지성에 노출됐다고 보여진다. 만일 우연의 일치로 미국 등 외국의 작품을 모방할 경우 선의임을 입증하기 힘들 수 있다는 것이다. 그러나 특허권 등 산업재산권은 차단효가 있는 독점권이다.

저작권은 자기 저작물의 도용에 대해서만 권리를 주장할 수 있다. 아무리 동일, 유사하더라도 독자적으로 창작한 것에 대해서는 권리를 주장할 수 없다. 반면 산업재산권은 모방된 발명뿐 아니라 독자적인 발명에 대해서도 권리가 미친다. 저작권의 유지에는 별다른 의무가 없다. 그러나 산업재산권을 유지하기 위해서는 존속기간 중에 일정한 요금을 납부해야 하고, 일정기간 실시, 사용의무가 있는데 이런 의무에 위배되면 강제실시의 대상이 되거나 상표 등은 불사용으로 인해 취소된다. 유체물의 소유권은 목적물이 존재하는 한 존속하나, 저작권의 존속기간은 유한하다. 저작권은 원칙적으로 저작자 사망후 50년까지 존속한다고 규정하고 있으며, 그 이후에는 공유로 되어 누구라도 자유로이 이용할 수 있다. 산업재산권에서 상표권의 경우 권리의 존속기간은 설정등록일로부터 10년이나, 갱신을 통해 영구히 사용할 수 있다.

무형물(무체물)인 저작물은 창작이나 공표, 권리관계에 관한 사실의 확정이 용이하지 않다. 이 때문에 일정한 사실을 공시해 둘 필요가 있는데, 이 같은 필요에 부응하는 제도가 저작권의 등록제도이다. 저작물을 등록해 두면 등록의 내용에 따라 일정한 추정력과 대항력이 발생해 보다 확실히 저작권을 보호받을 수 있다.

그러나 우리 저작권은 무방식주의를 채택하고 있어 저작권의 등록은 권리발생의 요건이 아니다. 저작재산권의 이전 등에 있어서도 효력발생 요건이 아니라 대항요건으로 되어 있다. 이에 따라 등록저작물이 적은 실정이다. 저작자가 저작물의 저작권을 문화관광부에 등록할 경우 창작 연월일을 추정할 수 있고, 제3자에게 일정한 대항력이 발생한다.

정보공유 주장하는 카피레프트 등장

그런데 인쇄술이 발명될 당시, 도서출판업자는 해적행위로 인한 위험부담을 가졌다. 통치계급에게도 출판은 권력적 위협요소가 됐다. 이로 인해 특정 인쇄업자에게만 일정한 출판물을 제작할 수 있게 하는 인쇄특권제도가 탄생했다.

그러나 17-18세기 들어 자유주의, 개인주의 사상의 대두로 출판독점제도는 배척당하고 특권은 박탈당했다. 이 후 저작자의 시간과 노력이 투입된, 정신적 노동에 의한 저작물에 대해 저작자의 권리를 인정하고 보호해야 한다는 주장이 일기 시작했다. 마침내 1709년 현대적 의미의 최초의 저작권법이라고 할 수 있는 영국 '앤여왕법' 의 성립을 보았다. 출판물에 대한 개인의 권리를 인정하고, 저작물과 이를 화체한 유체물을 구별하였다는 점에 그 의의가 있다. 그러나 그 보호는 당시 책에만 국한됐다.

인쇄술 발명 이후 정보통신·멀티미디어 등의 새로운 기술의 등장은 매체의 고도화와 다양화를 가져왔다. 저작물 역시 과거 종이 인쇄물을 매개로 한 아날로그 형태의 이용방식에서 벗어나 TV, 컴퓨터, 인터넷, CD, MP3플레이어, 휴대폰 등의 전자적 매체를 통한 디지털 방식의 이용이 보편화됐다. 결국 영상물, 컴퓨터프로그램, 데이터베이스, 디지털콘텐츠 등 새로운 형태의 저작물과 그 제작·유통·이용행위에 대한 저작자 등의 권리보호 문제가 대두되기 시작했다. 이후 저작권 등을 신설하거나 기존 권리의 보호범위를 확장함으로써 논란이 될 문제들을 해결해 왔다.

그러나 인터넷 시대에서도 여전히 확장일로에 있는 저작권 등이 그 본래의 기능을 벗어나 남용되거나 정보격차 등 역기능을 낳을 수도 있다는 점에 대해 우려를 표명하며, 정보공유를 주장하는 새로운 운동·그룹이 생겨났다. 그것이 바로 카피레프트(CopyLeft)이다.

이 용어는 정보에 대한 독점성 내지는 배타성을 함축하고 있는 카피라이트(CopyRight)에 반대되는 말이다.

'카피라이트-카피레프트' 갈등

카피레프트는 1980년대 중반 FSF의 주창자인 리처드 스톨만에 의해 시작됐다고 보는 것이 일반적이다. 소프트웨어 관련 문제들에 직접적인 뿌리를 두고 탄생했다. 현재 우리나라에서는 주로 IPleft(공유적 지적재산권모임), 진보네트워크, 리눅스 관련 단체 등을 통해 이뤄지고 있다. 카피레프트의 주장은 정보공유에 이바지해야 한다는 것에서부터 지적재산권제도 나아가서는 사유재산제도를 폐지하여야 한다는 극단적인 것에까지 이른다.

현실세계에서 부의 기준은 자본(돈)이고 이에 대한 불평등 분배구조는 부익부 빈익빈의 폐습을 낳았다. 그런데 자유로운 표현과 정보의 공유를 그 기본 이상으로 하는 인터넷, 이 가상세계에서조차 새로운 부의 기준인 정보에 대한 통제를 통해 부의 불평등한 분배와 권력의 집중이 일어나고 있다는 것이다.

즉, 정보통제의 양대 수단은 바로 기술과 법이다. 암호 등의 기술적 수단과 지적재산권(저작권)등의 법·제도적 수단으로 정보의 독점을 보장하고 자유로운 유통과 이용을 통제하여 정보의 분배와 소유의 불평등이 유발하였다. 결국은 부와 권력의 편중을 낳고 있다는 것이다.

저작권의 '표현과 아이디어' 이분법

선의(善意)와 악의(惡意) 이분법

성서에서는 선악의 개념을 두 가지로 나눈다. 하나는 '일방적 계약(명령)과 복종'. 계약을 파기할 경우 노동이라는 징벌이 따른다.

다른 하나는 스스로 또는 작의(作意)로 선과 악을 알게 될 경우 결국 경제적 이익을 도모하는 가중된(잉여 억압된) 노동을 하게 된다는 것이다.

「선악을 알게 하는 나무와 실과는 먹지 말라 네가 먹는 날에는 정녕 죽으리라 하시니라」(창세기 2장17절)

「…에덴동산에서 그 사람을 내어 보내어 그의 근본 된 토지를 갈게 하시니라」(창세기 3장23절)

민법에서는 성서의 두 번째 개념처럼 선과 악을 구별하는 잣대로 '의도의 유무'로 본다. 선의는 어떤 사정을 알지 못하는 것이고, 악의는 이를 알고 있는 것이다. 당사자가 선의인지 악의인지에 따라 법률상의 효과가 상이한 경우는 민법상 많다. 이러한 '선의 악의'는 행위가 아닌 사람의 의식으로 이것을 증명하기가 어렵다. 그래서 이것을 누가 입증해야 할 입증 책임을 지느냐가 법률 효과를 실제로 발생시키는 데 있어 매우 중요하다.

저작권은 민법의 하나

민사분쟁이 생겼을 경우 이것을 해결하기 위한 법규가 필요하다. 그러한 법규가 민법이다. 민법은 어떠한 모습으로 존재하고 또 그 범위는 어디까지인지가 문제되는데, 이에 관한 것이 법원이다.

법철학분야에서는 여러 의미로 사용되지만, 민법 제1조에서 정하는 민법의 법원의 의미는 다름 아닌 민사에 관한 적용법규를 뜻한다.

민법의 법원은 1)민법전 2)민법전 이외의 법률 - a)민사특별법, b)민법후속법률, c)공법-특허법, 저작권법, 도로법 등 3)명령 규칙 - 시행령 시행규칙 4)조약 등이 있다.

이에 따라 저작권은 민법 중의 하나로서 공공의 사회적 문화적 이유뿐 아니라, 개인간의 경제적 (이권) 다툼 해결을 위해 필요한 법이다.

저작권제도는 학문적 또는 예술적 저작물의 저작자를 보호하여 문화발전에 이바지하기 위한 제도이다. 우리 저작권은 '저작자의 권리와 이에 인접하는 권리를 보호하고 저작물의 공정한 이용을 도모함으로써 문화의 향상발전에 이바지함을 목적으로 한다'고 규정한다.

저작물의 표현과 아이디어

저작물이란 사상이나 감정이 외부로 표현된 것이다. 저작권으로 보호되는 것은 어느 정도의 독창성 창작성이 있는 아이디어, 감정의 표현이지, 저작자의 사상 감정 그 자체가 아니다.

예컨대 유명 배우가 되는 법이란 책을 썼다면, 그의 저작권은 그 책에 대해서 존재하며, 다른 사람이 저작자의 승낙 없이 그 책을 복제하여 판매했을 때에는 저작자를 당연히 보호한다.

그러나 다른 사람이 이 책 속에 들어 있는 아이디어, 또는 연기이론을 습득하고 유명 배우가 되는 것을 못하게 하는 것이 저작권 보호는 아니다.

이를 '표현/아이디어 2분법'(idea-expression dichotomy) 이라고 한다.

표현의 형식만을 바꾸는 것은 저작권의 침해이다. 소설을 영상화, 연극화, 음악적 저작물의 편곡 등은 모두 저작권자의 허락을 받아야 한다.

따라서 스스로 또는 작의(作意)로 선과 악을 알게 되면서 경제적 이익을 도모하는 가중된 징벌의 의미인 노동이 후속으로 따라온 것처럼, 저작권에서도 표현과 아이디어를 알게 되면서 다른 저작물을 놓고, '표현의 모방이냐, 아이디어 이용이냐' 라는 경제적 이익 다툼이 생긴다. 더 나아가 커뮤니케이션과 관련하여 이분법적 판단을 명확하게 해야하는 부담을 안게 된 것이다.

Chapter 04

뉴미디어론

'내용' 보다 '형식' 문제 : 미디어 활용론

지구촌이란 자본주의를 교의로 삼고, 끝없는 소비를 부추기는 장바닥 이외엔 아무 것도 아니다. 그러는 가운데, 정치 경제 문화의 식민지화가 일어나고 있는 것이 바로 지구촌이다.

해외언론학자 김경용

내용의 개념은 두 가지로 나타난다. 하나는 전혀 규정되지 않는 것이다. 다른 하나는 이미 어떻게 든 규정돼 있는 것, 적어도 양적으로 규정돼 있는 것이다.

여기서 하나의 정보로써 간주될 수 있는 것은 '형식의 틀에 내용을 담는다' 는 후자의 개념이다. 내용은 그 자체로써는 현실적이지 않고, 형식이라는 틀로 형성돼야만 실제적이고, 현실적인 것이 된다. '형식' 이라는 것은 '보다 내용을 어떻게 규정할 수 있는가' 의 근원적인 원리로 작용될 수 있기 때문이다.

미디어, 메시지 의미 규정

중세철학자 토마스 아퀴나스(Thomas Aquinas)는 형상(형식)이
란, 질료(내용)를 일정한 존재에 제한시키는 것이라고 이해한다.

그런데 그는 하나의 사물을 전체적으로 규정하고, 그 사물의 모든
부분들을 '그렇게 있는 그대로' 규정하기 위해서는 여러 형식들이
필요치 않고 항상 단 한가지의 형식만 필요한 것이라고 말한다.

테크놀로지의 역할은 내용을 단순성과 제한성으로부터 탈피할 수
없다는 것을 의미한다. 만일 내용을 제한하지 않는, 달리 말하면 형
식이 존재하지 않는다면, 제약받지 않은 여러 주관들의 경험과 독자
성으로부터 생겨난 것처럼 보이는 구조와, 관계에 있어 우회성, 다의
성 및 복합성 등으로 내몬다.

정보(메시지)는 여러 의미를 갖는 내용으로 우리 생활에 파고든
다. 낱낱의 기호체계는 문맥으로, 여러 의미가 존재하도록 가능성을
열어준다. 그렇지 않기 위해서는 기호체계로 이루어진 정보언어가
객관적으로 결속력 있는 의미체계를 형성시키게 할 수 있는 형식이
요구된다.

이렇게 할 경우, 내용 목적 등으로부터 나오는 여러 표현 가능성
을 제한하게 된다. 비로소 언어의 상징체계는 가치와 의미를 갖게 되
고, 그 본연의 구조로 인해 의미와 표현간의 연관을 맺을 수가 있는
것이다. 대중매체가 실어 나르는 메시지는 의미를 만들어 냄으로써

사회제도로 존재가치를 갖게 된다는 것이다.

대중매체가 배제되고, 메시지만이 의미를 만들어 낼 수 있는 가능성은 없다. 즉, 메시지가 매체바깥의 현실을 재현해 내는 것이 불가능하고, 재현과 현실사이의 간극 또한 생성되지 못한다. 메시지 혹은 정보의 의미가 해체되고 사라진다.

그러나 그 내용을 제한하고 연관을 맺도록 하는 형식적인 틀인 미디어형식이 주어져 있다고 할지라도, 그 미디어 형식 자체가 불명확하게 정보내용을 규정하는 것이라면, '유동적인' '다의적인' 의미의 '정보상품'이 출현하게 된다. '완전한 정보의 인식'은 단지 관념론적인 용어에 불과할 수밖에 없게 된다.

요사이 휴대폰은 거의 대부분의 성인들뿐 아니라 청소년들에게도 보급되어 있다. 그들은 일하고 공부하면서, 혹은 쉬면서, 곳곳에서 휴대폰을 사용한다. 휴대폰의 사용이 너무 빈번하여 남에게 피해를 줄 수 있어 공공장소에서만은 휴대폰 사용을 제한하자는 「휴대폰사용제한법안」도 제정됐다. 휴대폰 사용자들은 실시간으로 정보를 받아들일 수 있는 긍정적 측면의 시공간도 갖는다.

기업 이윤의 확보와 적자 메우기를 위한 목적에서 이동통신회사들은 휴대폰을 더욱 더 대중화시키고, 첨예한 기술로 인터넷 휴대폰 등도 출시했다. 이동통신회사들의 고객 확보를 위한 경쟁은 갈수록 치열해져 가고 있다. 지금의 정부도 암묵적으로 이에 동참한다. 미디어로써 휴대폰의 대중화는 이동통신회사들의 주도와 정부에 의한 잠정적인 합의로 추측된다.

전자신문, 휴대폰의 여론형성

휴대폰의 음성은 문자의 '이성'과 영상의 '감성' 보다 더 직접적, 현재적, 동일적, 통일적으로 수용자와 쌍방 커뮤니케이션이 이루어질 수 있다. 그로 인해 국민들은 대인적 네트워크를 형성하게 되어, 종종 서로 간의 공통 입장과 유사한 사고방식을 갖게 될 수 있다. 휴대폰은 여론을 통합시킬 수 있는 속성을 갖고 있는 미디어이다.

결국, 국민의 여론형성이 통합되어 체제유지의 구심점이 형성된다. 이러한 여론형성 과정을 통해 정부는 정부가 의도한대로 직접적인 안정된 사회질서를 형성시킬 수 있다.

과거 정부는 국민의 여론형성을 위해 전자신문을 대중화시켰다고 한다. 정부는 소규모 집단이 대규모 집단보다 더 결정력 있게 행동할 수 있다는 생각으로 정부체계를 작고 강력하게 만들었다. 정부는 이를 위해 언론정책상 전자신문 등을 이용해 국민의 여론형성을 주도하게 한 것이다.

하지만 전자신문을 이용하는 수용자들은 개인화 됐고, 서로 다른 생각을 형성했다. 이 과정에서 체제유지의 구심점이 해체됐고, 국민의 여론도 제각각이다. 이 같은 커뮤니케이션 및 컴퓨터 기술의 적용은 정부를 상처받기 쉽고 약점이 노출되게 하는 부정적 결과를 초래하게 했다. 전자신문의 활성화로 인한 여론형성의 결과는 의도와는 달리, 차기 정부에 '발목 잡힌' 경우가 된 것이다. 자연스럽게 다음 정부에게 정권을 물려주게 된다.

최근 언론 매체의 정황을 볼때, 과거의 여론형성의 주요 매체가 전자신문과 PC통신이라 한다면, 요즘 정부의 여론형성의 주요 매체는 휴대폰일 듯 싶다. 휴대폰은 전자신문보다 더 대중화되었기 때문일 것이다. 인터넷 방송은 커뮤니케이션 기술의 미흡과 자본력의 부족으로 국민의 여론형성을 주도하기 위한 매체가 되기에는 아직까지는 역부족이다.

따라서 메시지 내용을 어느 매체형식으로 담아내느냐가 중요하다. 매체형식에 따라 메시지내용도 달리 전달될 수 있기 때문이다. 그래서 흔히 내용보다는 형식이 앞선다는 말을 한다. '개혁의 의지'가 있는지 없는지의 정책내용 판단보다는 여론해체용의 인터넷매체와 여론통합용의 휴대폰매체를 정세변화에 따라 시의 적절하게 적극 활용한 후보가 대선이나 총선에서 승리할 수 있는 이유가 여기에 있을 것이다.

전자신문의 기사 :
재현 & 재건사고 반영

  수용자는 능동적이든, 수동적이든 간에 이미 컴퓨터라는 전자매체의 프로그램화된 체계에 의해 무의식적으로 자연스럽게 적응된다. 이러한 현상을 전자이데올로기(전자(컴퓨터) + 이데올로기)라고 개념 규정한다. 미디어 담론이 자연스럽게 형성된다.

  여기에서는 사물과 이를 제한시킬 수 있는 보편의 문제가 따른다. 전자이데올로기는 전자신문을 통해 정보(메시지)를 얻으려는 수용자의 사고를 이원화시킨다. 이미 컴퓨터 내에 내용과 이것을 이용할 수 있도록 찾는 순차적 방식이 하나의 틀로 설정된다. 이것은 지배되어진, 통제되어진 체계인 것이다. 이러한 사유체계를 '위에서부터 아래로'란 말로 표현한다.

  수용자는 메시지 내용과 프로그램 형식이 위에서부터 자신에게 아래로 주어진 사실을 망각할 수는 없다. 명백하게 수용자 스스로 제작한 것은 아니기 때문이다. 그런데 수용자 자신은 주어진 내용과 프로그램을 찾아서 각자의 방(공간)으로 간다.

'아래에서부터 위'로 거슬러 올라가는 것이다. 또 하나의 사유체계 '아래에서부터 위로'의 유형이 나타난다. 권위주의 언론은 위에서부터 아래로 일방적으로 전달된다. 이와 반면에 자유주의 언론은 주어진 것에 대한 저항적인 사고 위에서 '아래에서부터 위로' 일방적으로 거슬러 올라간다. 그러나 전자신문에서 언론은 '위에서부터 아래로'의 사유체계와 '아래에서부터 위로'의 사유체계가 동시에 일어난다. 우연적인 것이 아니라 수용자의 입장이 고려될 수밖에 없는 사회성격이 이미 어느 정도 있거나, 앞으로 그러한 사회구성체로 진보할 수밖에 없기 때문이다.

언론의 6대 규범이론

① 권위주의 이론

미디어는 기존의 정부에 항상 종속돼야 한다.

② 자유주의 이론

1644년 『아레오 파지티카』(Areopagitica)논문에서 '진리로 하여금 허위와 투쟁케 하라'고 외친 주장에 그 사상적 기초를 두고 있다. 사상의 자유

시장과 자율 조정 과정을 근간으로 한다.

③사회책임이론

시카고대 총장 로버트 허치슨이 Commission on Freedom of the Press 위원장을 맡아 1947년 3월27일 발표된 이 위원회 최종보고서 『자유롭고 책임지는 언론』은 언론에게 강한 책임을 요구했다.

④소비에트 공산주의 이론

미디어는 개인소유로 되어서는 안되고 노동자계급의 이익을 위해 봉사돼야 하며, 노동자계급에 의해 통제돼야 한다.

⑤발전이론

국가발전의 목표를 위한 것이라면 국가가 미디어의 운영에 개입하거나 제한을 가할 수 있으며, 검열 등의 직접통제도 가능하다.

⑥민주적 참여이론

미디어의 내용과 조직은 중앙집권화로 정치적 혹은 국가 관료적 통제의 대상이 되지 않는다.

※1956년 시버트, 피터슨, 슈럼 등이 권위주의, 자유주의, 소비에트공산주의, 사회책임이론으로 규정했다.

1984년 맥퀘일이 언론의 4이론에 발전이론과 민주적 참여이론을 추가했다.

언론의 4이론은 냉전시대의 미국의 입장을 담은 이데올로기적, 상업적 문건일 뿐이라는 지적이 있다.

위에서부터 아래로의 사유형식을 재현(representation, recapture)이라 하고, 아래에서부터 위로의 사유형식을 재건(reconstucture)이라고 규정한다.

재현이라는 말은 영어단어 두 가지로 구분가능하다. representation은 '다시 제시함', 또는 '다시 나타냄'이라는 말로, 정부의 언론에 대한 통제형식이 "강력하게" 대중에게 제시하지 못하나, recapture 는 마치 국가가 곧 이성으로 대신 되면서 위에서 그물(web)로 사물을 포획하듯이 표현된다. 따라서 representation은 recapture보다 언론에 대한 통제방식에서 보다 우회적이며, 회유적일 것이다. 아마도 1990년대 기존의 출판된 언론서적은 지배이데올로기로 인하여 recapture보다는 representation으로 표현된 듯하다. 우리의 언론을 표현할 때는 우회적이고, 회유적인 의미의 representation으로 표현가능하다. 기자들의 기사작성은 이를 무시할 수 없었고, 대부분 이에 자연스럽게 적응했다.

재현은 정부의 통치권력이 수용자의 사고를 통제하면서 그 정도에 따라 언론행위가 이뤄진다. 정부는 수용자의 생각을 충분히 이해할 수 있고, 정부의 통치사고가 수용자에게 적용된다. 그러나 재건은 정부의 통치(지배) 이데올로기에 의하여 정부의 통치질서가 그대로 드러나지 않아, 수용자는 단지 그 질서를 추측할 뿐이다.

그래서 수용자는 전자신문에서 스스로 홈페이지를 제작하기도 하는데, 그 홈페이지의 내용이 정부지배질서에 있을 것이라고 안심한다. 만약 수용자에 의하여 구성된 홈페이지의 내용이 정부 지배질서에 있지 않으면, 그 수용자는 정부의 논리에 의하여 감금된다. 그러나 그 감금된 사실은 익명으로 누군가에 의하여 또 다시 밝혀지는데, 그것에 대한 드러냄은 '단지 누가 어떻게 해서 감금됐다'라는 사실만이 공개됨으로 그 익명의 수용자는 감금되지 않은 상태에서 거대한 규모의 수용자에게 정부 지배질서의 범위와 내용을 알린다.

이처럼 재현과 재건의 사유형식이 동시에 일어나는 전자신문에서 정부의 지배 이데올로기는 쉽게 노출되어, 수용자가 이를 예측하기 용이하다. 정부의 지배질서형식은 수용자에게 보다 적대적이거나, 억압적이지 않은 재현적인 사유형식을 띠게 한다. 수용자는 이로인해 지배질서형식을 뿌리째 뽑아 무너뜨리기보다는 반박을 통해 보다 좋은 방식으로 수정시킨다.

그런데 전자신문의 기사를 통해 정보(메시지)를 얻은 수용자는 개인마다 '메시지'라는 대상을 서로 달리 이해함으로 응집력 있고, 통합되지 않은 수용자의 상을 갖게 된다. 즉, 정부의 우회성, 회유성, 그리고 수용자의 반박가능성이 함께 작용하는 재현과 재건의 사고가 존재하고, 우리는 그것에 대한 파생된 결과물로부터 수용자의 공유성이 상실되어 가고 있다는 사실을 알 수 있다.

　　언론에 대한 정부의 통치기능은 사회구조를 갈등, 또는 통합이라
는 두 가지 기능의 논리를 푸는데, 그 중에 전자미디어로 인하여 정
부의 통합의 기능이 약해져 가고 있음을 의미한다.

여론의 해체도구 전자신문

첨단기술로 인해 현대사회는 남으로부터 공격받고, 상처받기 쉽도록 약점이 노출되어 있게(vulnerable) 형성됐다.

그러나 이 같은 사회가 공격받고, 상처받기 쉽도록 약점이 노출되어 있는지를 묻기 전에 전제된 사실이 있다는 것을 유념해야한다. 재화의 희소성, 유한성으로 불특정한 사람에게 '안정'이 있다고 하는 것은 다른 사람에게는 억압이 있다는 것이다.

한 집단에 의하여 '사회적 진보'로 지지되는 사안들은 다른 사람들에 의하여 '미친 짓' 혹은 '무정부적인 발상'이라고 하여 비판과 도전을 받게 될지도 모른다. 만약 이것이 사실이라면, 첨단기술로 인하여 진보의 개념을 고수하면서 성장해온 사회가 잠재적으로 불안정한 구조를 갖게 되는 결과를 빚게 된다.

이를 극복하기 위해 새로운 정보를 취급하는 정부내외부 조직들은 정부기구, 산업구조, 사회구도에 복잡한 관리운영을 크게 추가해 왔고, 당연히 그럴 것이라고 짐작할 수 있다.

사상사적으로는 이론이 거짓일 수 있다. 그럼에도 포퍼(K. Popper)와 같은 반증주의자들은 관찰로 이룩된 과학은 계속 진리 가까이로 진보해 왔다는 말을 한다.

뉴톤의 이론과 갈릴레오의 이론이 모두 거짓이지만, 뉴턴의 이론이 갈릴레오의 이론보다 진리에 더 가까이 갔다고 말하는 것이다. 포퍼는 '진리의 근사치' 라는 개념의 의미를 중요시했다.

그런데 이 근사치는 보다 나은 이론, 사태, 또는 지배형식으로 수렴된다. 이것은 '완성되어짐' 으로 나아간다. 만약 '기존의 지배형식이 완성되어졌다' 는 명목아래 하나의 틀과 형식으로 존재한다 할지라도, 전자미디어로 시각을 통해 얻어낸 정보가 각각 관찰자(수용자)의 다른 경험으로부터 달리 판단하고, 사고할 수 있어 결과적으로 수용자가 공유된 생각과 행동 방식을 갖기 힘들게 된다.

그리하여 서로의 구심점이 해체되고 기존의 도그마적이고 절대적인 지배권력이 불연속성을 갖고 단절된다. 또 다른 이론의 토대가 되는, 즉 또 다른 정부의 통치권력이 설 수 있는 자리를 내주게 된다. 그러나 그 통치권력도 다음의 통치 권력에게 자리를 내주게 될 가능성이 있는 것이다.

통치권력은 이론이 반증가능성이 있는 것처럼, 거부될 위험을 안고 있는 권력체이고, 그 정부만이 전자미디어 시대에서 존재할 수 있는 것이다. 아무리 민주적인 절차에 의해 당선되어 권력을 쥔 정부라 할지라도, 현재는 결코 이성적인 이론으로써 확증된 정부가 될 수는 없다. 그러나 지금의 정부가 그 전의 정부보다는 우수하다고 말할 수는 있는 것이다. 이것은 확률(론)에 입각한다.

'남으로부터 공격받기 쉬운 약점이 노출된 유형들이 존재한다는 것'은 정부의 입장에서 볼때, 소규모 컴퓨터가 매개된 정보체계의 도움이 없으면, 스스로의 기능을 할 수 없게 됐다는 말로 풀이된다.

정부는 과거의 대중적인 중앙집권적 정치구도를 제거할 것을 결정한다. 단일하고 거대한 컴퓨터 단위는 더 이상 필요하지 않다. 국가적 네트워크에 의해 연결된 소규모 체계는 훨씬 더 유동적이고 불안정한 요소를 포함한 안정된 상태를 표현한다.

정적인(static) 사회체계는 공격받고, 상처받기 쉽게 약점이 노출된 것이어서, 붕괴될 가능성이 있다. 그 사회체계는 아마도 변화할 준비를 갖고 있음에 틀림없다. 테크놀로지는 정보, 지식, 그리고 지혜를 분산화 시킨다. 이러한 반증 가능할 수 있는 토대를 제공하는 것은 기존 권력체의 해체로부터 야기되는데, 그것은 전자신문에 의해 보다 활성화 될 수 있다.

다른 정보매체에 의해서가 아니라 인쇄형식인 신문에 컴퓨터를 매개함으로써 이루어진 전자신문에 의한 것이다. 그 이유는 신문매체형식이 '마이크로코즘'의 법칙과 거의 완전한 조화를 이룰 수 있어서 이다.

마이크로코즘의 법칙이란 칩 시스템 속에 마이크로칩 하나하나의 계산능력을 계속 증가시킴으로써 중앙집중식의 기구, 관료조직, 컴퓨터조직 및 데이터 베이스로부터 권력을 분산하는 시스템으로 변화할 것을 요구하는 것이다. 이로 인해 역사적으로 대형컴퓨터와 그에 의존한 회사들의 몰락이 촉진되었으며, 개인컴퓨터와 워크스테이션의 격상이 확실해진다.

컴퓨터 네트워크는 쌍방향 커뮤니케이션이 풍부하기 때문에 다른 매체의 기능을 대신할 수 있다.

신문은 컴퓨터와 매개하여 수용자의 정보선택의 방식을 수동적인 유형에서 능동적인 모습으로 바꾸게 했다. 정보상품(메시지)을 수용자 목적에 부합하게 한 것이다.

컴퓨터와 신문의 결합은 TV산업을 주춤하게 하고, 인쇄신문형식을 보완하고 있다. 이리하여 컴퓨터와 신문은 정책적으로, 혹은 자연스럽게 융합하여 뉴미디어로 등장하고 있는 것이다. 상대적으로 독립된 TV, 신문 그리고 컴퓨터와 TV의 융합보다는 컴퓨터와 신문의 융합이 사회체계의 흐름방향을 예측해볼 때, 보다 정확히 그 체계를 설명해줄 유사한 형식이라 점쳐진다.

정보상품을 통한 수익성을 고려했다는 기초적인 물음과 함께, 현재 뿐 아니라 다가올 사회구조, 지배형식에 적합한 체계의 매체형식일 것이다.

기존의 사회구조는 이러한 전자신문의 매체 특성과 관계하여 포스트모더니티적인 사고가 확장된다. 기존의 통치권력이 바탕이 된 문화가 해체되어 대중의 중심운동력이 약화되고, 운동의 구심점이 해체됨으로써 또 다른 권력의 양태가 그것의 중심고리를 잡을 수 있는 토대를 구축하는 계기를 마련한다.

이렇게 하여 컴퓨터로 매개된 커뮤니케이션은 강력한 정치구도로 자리잡게 된다. 골드 스미스(Gold Smith)는 '다른 복잡한 체계들의 행위를 관찰해보면, 이러한 것은 변하기 위한 능력으로부터 발생한다'고 풀이한다.

정치선전의 도구로써 전자신문 등의 영상전자매체는 허점이 없는 것은 아니다. 무엇보다도 영상전자매체를 시청하려면, 라디오를 청취하는 것과 신문을 보는 것 보다 훨씬 많은 주의를 기울여야 한다.

영상전자매체는 시청자들로 하여금 고도의 의식집중을 요구한다. 또한 인간신체는 불완전하여 영상의 한 장면 한 장면을 그 자체 그대로 인식하기 어렵다. 또한, 수용자들이 자신의 기존 신념에 일치하는 정보를 추구하고, 자신의 기존 신념과 불일치 되는 정보를 회피하려는 성향이 있음을 전제로 할 때, 특히 전자신문일 경우, 그 상황은 보다 직접적인 사태로 일어난다.

인터넷으로 정보의 길이 놓여지게 하는 것은 수용자 자신이다. 그 정보망에서 정보의 내용을 선택하는 것도 바로 수용자 자신이다. 수용자가 정보를 선택할 수 있는 노출현상이 전개된다.

그 방식은 인터넷 프로그램 상에서 마우스를 클릭하여 선택된 정보가 인지된다. 수용자들이 특정한 정보를 얻으려는 동기에서 일어난다. 수용자가 명령한 프로그램 내용이 수용자에게 제시됨으로써 복종한다. 컴퓨터는 상상을 할 수 없기때문에 특정명령을 주어야 한다.

이에 따라 전자미디어로 정책적인 사안들을 대중들과 관계 지우기 위해, 여론을 형성시킨다면, 정부(권력)지배논리 그대로 시청자가 인식하기 어렵다. 정부가 의도한 그대로의 여론형성이 어렵다.

불완전한 정부로서 다른 지배관계가 들어설 틈을 내준다. 기존 지배형식의 틀을 허물어뜨리게 되는 해체적인 의미이다.

그런데 우리 신체로부터 출발하여 사회구조를 추측할 수 있다. 결국은 전자신문을 이용하고 정보를 습득하는 것은 우리 신체가 매개돼야 하기 때문일 것이다. 추측해보면, 시간이 지나면서 점차적으로 주위 사물들의 공간내의 움직임과 위치에 대한 신체감각(특히 안구운동)은 자연스러운 통합이 이루어진다. 흔히 이러한 공간내의 시각적 인상과 신체감각의 일치되어짐은 안정적이며, 이 기초 위에 안정된 주위 세계에 대한 우리의 인상이 놓여져 있게 된다.

이 같은 통합은 공간적인 위치와 관계하고 있는 지각과 신체감각에 생소하고도 혼란을 일으키는 상황이 주어지면, 무너질 수도 있다. 하지만 시간이 얼마 지나면, 우리의 자발적인 행위를 통해서 자신을 적용시키게 된다.

시간이 어느 정도 지나고 그 체계가 인정되어짐으로써, 또 다른 의미의 지배이데올로기라는 건물이 우리 사고에 익숙하게 자리잡게 된다는 것이다. 하나의 사고(기존 지배이데올로기)에서 해체로, 그리고 또 다른 사고(재건된 지배이데올로기)로 이어지는 논리흐름에서 현재의 전자신문은 여기에 '해체' 역할을 담당하게 된다.

새로운 통합의 유형으로 발전시키는 과정으로서의 길목이다. 사회관계를 재건히는 바탕을 마련한다. 그 후 우리의 행위들은 눈으로 볼 때 왜곡되지 않은 주위환경의 실제속성에 관한 정보를 제공하며, 이를 통해 안구운동을 통한 시각 왜곡(visual distortion)을 수정한다.

전자신문 이후에 출연할 '보다 완성 된 미디어'는 우리에게 사물 (프로그램)을 이용하고 인식해서 규정하도록 도와줘, 시간과 공간에 적응시킬 것이다. 사회적 시기와 공간은 의미 있고, 상징적이다.

우리는 우리에게 질서의 감각을 준 형식들을 인정하게 되고, 한 상황의 규정은 특정한 시간과 공간에서 유형들과 관계들에 관한 지적 꾸러미로부터 유래된다. 실제로 사람들은 가능한 한 이렇게 형성된 사회적 질서를 받아들이게 된다.

지배형식의 이데올로기는 이렇게 해서 우리에게 비로소 선전되게 되는 것이다. 이때 기존 지배형식 이데올로기의 허물어뜨림은 전자신문의 틀로 이루어진다.

휴대폰 사보의 **음성주의**^{音聲主義}

최근 신문, 방송 그리고 제3저널리즘으로 일컫는 잡지, 특히 사보가 각축전을 벌이고 있다. 그런데 사보는 컴퓨터가 소형화되고, 언론이 기관·지역화 됨에 따라, 신문 방송과 대등할 정도로 좁은 영역에서 조직단위로 간행되고 있다. 사보도 신문과 방송처럼 흔한 매체로 등장하고 있는 것이다.

사보, PR커뮤니케이션 도구

사보는 영어로, 'House Organ'이라고 한다. 이는 기관지를 일컫는 말로 PR커뮤니케이션의 전형적인 도구이며, 가장 오래된 것 가운데 하나라는 것을 반영하는 말이다. 사보는 넓은 의미로 모든 조직체가 발간하는 조직체 간행물을 통칭, 좁은 의미로는 회사 안의 사내보 또는 조직 내 간행물을 말하기도 한다. 일반적으로는 기업조직체의 회사 간행물을 말하기도 한다.

그런데 과거 우리사회에서 독점적으로 생산의 중심역할을 해온 '기업'은 점점 생산의 주체에서 제몫을 못하고 있다. NGO의 정책보고, 사회복지기관의 봉사와 노동부의 취업알선 등 다른 다양한 기관에서 기업이 해내지 못하고 있는 역할을 하고 있기도 하다. 이는 IMF체제의 거센 바람과 함께 일어나는 현상이다. 이때는, 사보를 좁은 의미로 기업에서 발간하는 간행물, 또는 소식지라고만 하기에는 무리가 있다. 사보는 기관지로써 조직커뮤니케이션, PR커뮤니케이션, 그리고 문화창출의 도구로 넓게 이해되어져야 할 것이다.

사보, 기관 성격 뚜렷

사보는 이름에서 보여지듯이, 인쇄매체의 성격이 강하다. 일반적으로 잡지라 칭한다. 그래서 초창기의 사보는 '잡지' 형식의 소형책자이다. 요즘 들어 인터넷의 열풍으로 컴퓨터와 매개되어진 커뮤니케이션으로서, '전자사보'가 등장했다. 한 조직체내외의 사건, 문화(내용)가 전자매체(형식)에서 기사화 된다.

그런데, 요사이 인터넷으로 인한 경제적 수익률이 미국뿐만 아니라 우리나라에서도 '거품'으로 드러나고 있음이 신문지상에서 보도된 바 있다.

그래서 인터넷 사업자와 언론은 수익성보다는 공익성을 중시하는 원래 인터넷의 취지를 무시하고, 수용자의 관심을 '쇼핑몰 (shopping mall)'로 돌리게 하고 있고 전자상거래로 애써 그 거품을 모면하려 한다.

그럼에도 사보를 운영하는 경영주는 단지 시대흐름에 동행하여 사보를 '전자화' 시켰다. 사보경영주는 사보를 인쇄매체로 했을 때, 수용자로부터 큰 효과를 못 봤거나 효과를 배가하기 위해 또 다른 대 안으로 전자사보를 기획한 것이다.

그러나 전자미디어라는 것은 수동적인 수용자를 능동적인 수용자 로 만들기에는 충분하지만, 그것은 신문매체에서는 가능하나, 사보 특성상 다수의 수용자의 능동성은 잠재된 채 남아 있게 된다. 그 이 유는 신문매체에 비해 사보는 기관의 성격이 특정되어 있어 수용자 층의 폭이 좁기 때문이다. 특정의 수용자만이 그 조직체의 소식과 문 화에 관심이 있다.

전자사보, 휴대폰사보

단일한 방향으로 내부에서 기획된 인쇄매체 사보처럼, 전자사보 는 수용자가 능동적이지 못하다. 소수만이 능동적이다. 그래서 사보 관계자는 수용자들을 찾아다니면서 메시지를 그들의 손에 쥐어 주 고, 그들의 머리 속에 주입시키는 힘든 수고로움이 따른다.

전자사보는 수용자가 능동적으로 '대상을 클릭하기'를 통해 메시 지를 찾아들어 가도록 제시되어 있을지라도, 인쇄사보처럼 쌍방 커뮤니케이션은 단지 잠재되어 있어 원활하게 이루어진다고 말할 수는 없다. 사보 경영주와 제작자는 능동적 PR과 수용자의 잠재되어진 능동적 요구를 전자사보 보다 더 일깨우게 하고, 쌍방 커뮤니케이션이 원활히 이루어지게 하려면 통합적 시각이론, 네트워크에 충실한 매체에 귀를 기울여야 한다.

조직 커뮤니케이션분야에서 가장 유명한 네트워크 연구자들은 Peter Monge 및 그 동료들이다. 이 연구자들에 따르면 네트워크란 집단이 커뮤니케이션으로 서로 연관을 이루는 것을 의미한다. 관계와 집단들이 상호작용을 통해 구조화된다.

이 네트워크 이론이 잘 적용된 매체가 있다면, 그것은 '휴대폰이 매개된 사보' 일 듯싶다. 요사이 휴대폰은 정부의 정책이든, 아니든 간에 거의 대부분의 성인들에게 보급되어 있다. 그들은 일하면서, 쉬면서, 곳곳에서 휴대폰을 사용한다. 그들은 실시간적인 정보를 받아들일 수 있는 시공간을 갖는다.

그들은 조직체의 정보망을 쉽게 숫자입력의 방식으로 들어올 수 있다. 사보 제작자들은 그들의 수용자에게 숫자 메시지 입력을 통해 정보를 줄 수도 있다. 사내에서도 가능하다. 기업에서는 입사철이 한창일 때 사보 제작자들을 통해 음성정보 서비스를 실시케 한다. 대학을 갓 졸업한 학생들은 능동적으로 그 기업의 음성정보 서비스를 이용한다. 또한 자신의 휴대폰에 간혹 불법적일 수 있으나, 대체로 합법적인 차원에서 메시지가 입력되어 들어온다. 이러한 메시지의 공간을 통해, 그 기업은 이미지개선 홍보와 함께 경제적 수익도 올릴 수 있다.

휴대폰 사보 음성의 직접성

휴대폰 사보의 음성은 문자의 '이성'과 영상의 '감성'보다 더 직접적, 현재적, 동일적, 통일적으로 수용자와 쌍방 커뮤니케이션이 이루어질 수 있다. 일단 음성이 글로 쓰이면, 그것을 이해하거나 이해하지 못하는 수용자에 의해서 어느 부분이 왜곡 해석될 수 있다. 그리고 만일 글이 잘못 다루어지거나 남용된다면, 그것을 보호해줄 법적 장치도 미흡하다. 글은 음성을 보존하기 위한 장치 수단일 뿐이나, 음성은 해체주의자 쟈크 데리다(Jacques Derrida)의 말처럼, 순수 자기 직접성이다.

민법(民法)상 계약은 구두로써 청약과 승낙이 이루어진다. 꼭 글로 작성된 문서로서만 계약이 이루어지는 것은 아니다. 구두로 계약이 이루어질 경우 보다 직접적이고, 동일성을 유지할 수 있을 경우가 많다. 음성적 보도와 정보는 합법적 계약, 그리고 제작자와 수용자의 직접적, 통일적, 현재적, 동일적인 약속이다.

전자신문이 매체특성상 수용자의 관심의 다양성과 문자에 대한 메시지 인식의 불확실성으로 여론을 흩어뜨렸다면, 휴대폰사보의 음성은 통합적인 시각에서 여론을 재건시킨다고 할 수 있겠다.

사회는 커뮤니케이션 네트워크의 관점에서 이해된다. 개혁과 정보는 대인적 네트워크를 통해서 사회에 유포된다. 한 문화 내에서의 휴대폰 사보의 음성을 통한 유포과정으로 사람들은 종종 공통입장과 유사한 사고방식을 설정하는 데 협력한다. 자연히 정보의 불확실성은 감소한다.

휴대폰의 음성으로 인한 직접적 커뮤니케이션의 요구는 다원적 가치의 공존을 곤란케 하여 가치 일원 성향의 강화에 기여하게 된다.

인간욕구의 집대성, 여론형성의 해체도구
'전자신문' : 이용과 충족 효과이론 적용

미디어에 대한 '이용과 충족접근'은 수용자들이 주체적이고, 매스미디어의 사용이 특정 목표 지향적이라는 점에서 출발한다. 이는 한마디로 마르크스, 엥겔스와 프로이드의 사상을 사회적 유기체 연관 속에서 종합한 상호규정 논리처럼, 수용자들은 자신의 욕구를 충족시키기 위한 방법으로 미디어를 사용하고 있다는 것이다. 일반적으로 전자신문에 이용과 충족접근의 관점을 적용시키고 있는데, 전자신문의 특성이 '이용과 충족이론'과 유사성이 많기 때문일 것이다.

CJI 한국언론연구소 연구실

고대 희랍철학자 플라톤은 인간의 영혼을 크게 세 부분으로 분리 규정했다. 순수한 사고와 비감각적인 직관에 나타나는 이성의 영혼, 혹은 정신의 영혼이 있다. 그리고 노여움, 명예욕, 용기 및 희망과 같은 고귀한 격정(흥분) 등이 속하는 용감한 영혼, 또 영양과 성의 충동 및 쾌락과 불쾌해서 쉬겠다는 욕망 등이 뿌리를 박고 있는 충동적인 정욕의 영혼 등을 말한다.

플라톤의 저서 「티마이오스」에서는 이런 영혼의 부분들이 머리와 가슴과 아랫배에 위치한다고 한다.

그런데 저자는 머리, 가슴, 아랫배에 위치한 각각의 영혼의 개념에서 노여움, 명예, 용기, 희망과 고귀한 격정(흥분)의 용감한 영혼이 가슴에 위치하는 것이 아니라 머리에 위치한다고 재규정하려 한다. 또한 영양과 성의 충동 및 쾌락과 불쾌해서 쉬겠다는 욕망 등에 뿌리를 박고 있는 충동적인 정욕의 영혼에서 영양의 욕구는 아랫배에 있는 것이 아니라 배에 있어야 한다고 세분화 하여 재규정하려 한다.

인간을 크게 머리, 배, 성기로 나누고, 머리는 이성의 영혼(정신의 영혼, 용감한 영혼)이라 하여 상부구조에 해당하고, 배(영양)는 중부구조, 성기(정욕의 영혼)는 하부구조라고 할 것이다.

머리, 가슴, 아랫배에 각각 위치한 이성의 영혼, 용감한 영혼, 그리고 정욕의 영혼은 잉여 없는 억압을 위해 끊임없는 그 욕구충족을 원한다. 이 같이 끊임없이 욕구를 충족하려는 인간의 모습은 부끄러운 게 아니라 존재하기 위한 전제조건이라고 본다.

사회에서 상부구조, 중부구조, 하부구조

사회구조 안에서 상부구조라는 말은 각 시대마다 인간들이 자신들의 사회적 이념과 목적, 그리고 이에 상응하는 제도들을 통해 맺는 이데올로기적 관계들의 총체라고 말해왔다. 중부구조라는 말은 특수한 생산관계의 총체, 즉 경제 구조를 표현하고 있다. 그리고 하부구조라는 말은 쾌락으로써, 또는 종족유지로써의 성을 의미한다.

'생산수단의 사적소유'를 토대로 하고 있는 자본주의의 사회구성체를 비판한 칼 마르크스(K. Marx)는 상부구조와 중부구조 사이의 근본적인 연관을 계급들의 물질적인 사회적 관계가 이데올로기적 관계를 규정한다고 한다.

마르크스는 흔히 인류의 역사를 원시공동체적-고대적-봉건적-자본주의적 생산관계 및 상부구조를 포괄하는 개념으로 본다. 마르크스는 이 같은 관계규정이 현실로 존재했던 여러 사회모습들을 구분하여 특징짓는 틀로써 역할을 해왔다고 주장하는 것이다.

정신분석의 창시자로서 20세기전반의 사상의 상황에 결정적인 변혁을 가져온 지그문트 프로이드(S. Freud)는 인간의 행동은 무의식적 성적충동에 의해서 규정된다는 대담한 인간관을 제시했다. 다시 말하면, 인간의 행동에 의하여 이뤄지는 상부구조와 중부구조는 하부구조에 의하여 규정받는다는 것이다. 역으로 사회가 복잡해지고 중앙집권적 국가기구가 생겨나면서 성관계의 규칙은 엄격해졌다. 이것은 다른 사회적 통제보다 엄격해지는 경향과 맥을 같이 한다.

성관계에 관련된 규칙은 엥겔스의 지적대로 사유재산의 상속이 사회적 비중을 깆게 될수록 엄하게 적용된다. 특히 적자(嫡子)를 확보하는 일과 관련되어 있기 때문에 여성들에게는 더 엄격하게 적용됐다. 즉, 하부구조는 중부구조와 상부구조에 의하여 규정을 받는다.

이는 우리 역사에서 조선시대를 생각해보면 쉽게 이해될 부분이다. 농경적, 봉건적, 부계혈통 중심적 사회에서 성은 우선적으로 출산과 관련된 행위였다. 쾌락으로서의 성은 소수의 특권적 남성, 즉 기생들과 놀아날 수 있는 남성들이나, 크게 잃을 것이 없는 천민층에서 즐길 수 있는 유희 정도였다고 보아야 할 것이다.

따라서 마르크스, 엥겔스와 프로이드의 사상을 사회적 유기체 연관 속에서 종합해볼 때, 상부 중부 하부구조는 서로 분리된 메카니즘이 아니다. 이러한 구조들은 제한된 상태에서 끊임없는 그 욕구충족을 원하며, 상호규정하고 있음을 알 수 있다.

전자신문에 '이용과 충족이론' 적용

미디어에 대한 "이용과 충족접근"은 수용자들이 주체적이고, 매스미디어의 사용은 특정 목표 지향적이라는 점에서 출발한다. 이는 한마디로 마르크스, 엥겔스와 프로이드의 사상을 사회적 유기체 연관 속에서 종합한 「상부, 중부, 하부구조 상호규정 논리」처럼, 수용자들은 자신의 욕구를 충족시키기 위한 방법으로 미디어를 사용하고 있다는 것이다.

김원용 전 성균관대 신문방송학과 교수의 『전자신문의 현황과 과제』(한국언론연구원, 1990)에서는 전자신문에 이용과 충족접근의 관점(메시지-수용자-중개변인-효과)을 적용시키고 있다.

전자신문의 특성은 '이용과 충족이론'과 유사성이 많기 때문일 것이다. 그 유사점은 3가지 이론적 가정이 있다. 첫째, 매스커뮤니케이선의 수용자들은 능동적이고 목적 지향적이다. 둘째, 수용자들은 그들의 욕구를 충족시키기 위해서 미디어를 선택 이용하며, 그들은 자신들의 욕구를 알고 이들 욕구들을 충족시키기 위한 여러 가지 방법을 추구하고 있다는 것이다. 마지막으로 미디어는 욕구충족의 다른 소스들과 경쟁하고 있다.

그리고 문제점(비판)도 유사하다. 첫째, 개인 중심적이라서, 사회적 구조와 연결, 적용이 어렵다. 둘째, 정신 중심적이라서, 외적환경을 무시한다. 그래서 사회적 위치에 따라 메시지의 인식이 변화 가능하다. 셋째, 습관적이고, 비선별적이다. 문제점은 이밖에도 여러 가지가 있을 것이다.

따라서 전자신문의 수용으로 미디어 소비를 합리적이고, 개인적인 것으로 만든다. 수용자의 제각기 개인성으로 메시지의 의미가 분리된다. 공통된 의미의 메시지로 이해하기가 어렵다.

각양각색의 담론이 형성된다. 후기구조주의와 포스트모더니즘적인 사고가 추정된다.

below coach   **효과이론**

---

①강효과이론(탄환이론) – 초기에 대두된 이론이며, 피하주사이론이라고도 한다. 매스미디어가 대중들에게 직접적이며 즉각적으로 강력하고 획일적인 효과를 미치고 있다는 학설이다.

②약효과 소효과이론 - 제한효과모형, 한정효과모형, 선별효과모형, 선별
효과모형 : 매스미디어가 기존의 생각이나 신념을 보강해주는 효과만 있다
는 학설이다.

[커뮤니케이션의 2단계유통이론]
정보들은 매스미디어로부터 오피니언 리더들에게로 흐르고 다시 그들로부
터 덜 능동적인 대중집단으로 흐른다. 미디어-여론지도자-수용자

③중효과이론 - 정보추구모형, 이용과 충족모형, 의제설정기능, 문화규범
이론 등이 있다.

그밖에 거브너(George Gerbner)의 배양계발효과이론은 텔레비전속의
상징적 세계가 시청자들의 실재세계에 대한 생각을 배양한다는 것이다.
텔레비전은 지배계급의 견해를 확산시키고, 폭력장면을 통해 수용자들을
위협하고 그들의 위험과 불안정으로 인해 제도권 위에 의존과 맹종을 증대
시키도록 유도한다.
또 제3자효과가설은 어떤 메시지에 접한 사람은 그 메시지의 효과가 자신
이나 2인칭의 너보다는 완전히 다른 제3자에게 강하게 작용한다는 것이
다. 특히 전문적 지식을 갖춘 엘리트나 정책결정자에게 나타날 가능성이
높다.

한마디로 효과이론은 강효과이론과 약효과 이론을 거쳐 중효과이론으로

포스트모더니티 형태의 '정보사회'

포스트모더니즘은 사회구조, 기술과 관련되고, 더 나아가 지배형식의 문제에도 관여된다. 또한 이 사조는 과거의 사회제도와 정부체계의 구도를 해체하는 정치적인 의미도 갖는다.

정보사회에서 문화의 핵심 인프라는 경제나 사회와 마찬가지로 컴퓨터와 정보통신기술이며, 이러한 기술의 발전이 포스트모더니즘 사조의 등장과 밀접한 관련을 맺는다.

커뮤니케이션 주체는 획일화되고 고정적이며, 자기결정적인 주체이나, 컴퓨터를 통한 다양한 전달과정(혹은 전자신문의 수용과정)에서 "유목민적이고, 분산된 주체"가 된다.

즉, 커뮤니케이션 수용자 주체들은 객체들 사이에서 떠돌아다니고 있으며, 고정된 닻과 위치, 그리고 정확한 관점도 없으며, 분별력 있는 중심도 없고 명백한 경계도 갖고 있지 않다. 풀(pool)에 의하면 전자장치를 통한 직접민주주의는 정책형성과정을 복잡하게 하고, 많은 시간과 비용을 소비하여 오히려 혼란만 초래할 수 있다고 한다.

정보사회에서 이러한 형태의 인간커뮤니케이션은 당연히 이전과는 다른 문화형태(정치지배형식)를 이루어 내는데, 그것이 바로 후기구조주의 학자들이 제기하는 포스트모더니티 형태의 사회이며, 문화이다. 정보통신기술과 뉴미디어의 특성, 상호작용성으로 인하여 산업사회의 대중문화와 여론형성은 해체되고 있다.

뉴미디어로 사회의 모습을 바꿀 수 있어요. 정치인 혹은 정책결정자들은 집권재창출 등을 위해 필요에 따라서 뉴미디어를 활용해 여론을 조작하기도 해요.

Chapter 05

언론의 마케팅 도구 '인터넷'

- □ 인터넷 광고효과 : 확률론과 공간위치 문제
- □ 인터넷광고 매체형식 : 마케팅도구의 패러다임 전환

인터넷광고효과 :
확률론과 공간위치문제

　국내에서는 인터넷 이용자수가 급증하는 추세를 보이고 있다. 최근에는 인터넷 이용자수가 2천6백만명에 달하게 돼 전화가입자수(2천3백만명)를 앞지를 것이라고 KT((주)한국통신)는 전망한다. 한국인터넷 정보센터의 2001년 3월 자료에서도 이미 국내인터넷 이용자수는 2천만명을 넘어섰다.

'말, 글, 전자언어'의 시대

　미국역사철학자 포스터는 정보양식의 단계를 의사소통의 매개체를 중심으로 하여, 첫째 대면적이고, 구어적으로 매개된 의사소통(말의 시대), 둘째 인쇄를 매개로 하여 글로 씌어진 의사소통(글의 시대), 셋째 전자적으로 매개된 의사소통(전자언어의 시대)의 3단계로 나누고 있다.

요즘은 포스터의 말과 인터넷과 관련된 다양한 현상들을 볼때, 토마스 쿤의 표현대로, 얼마전 '패러다임 전환'에 직면한 것 같았는데 벌써 우리 사회가 전자사회로 전이돼 전자언어시대에 있음을 알려주고 있다.

쿤이라는 과학자는 "일반인이든 세상이든 조각조각으로 혹은 하나씩 바라보지는 않는다. 그들은 다양한 경험으로부터 '전체적으로 분류한다'고 한다. 이론의 가장 기본적인 사항은 개념의 집합(set of concepts)이라는 점이다.

영상메시지를 이해하는 것은 눈이 아니라, 전체적으로 인식하는 두뇌라고 한다. 따라서 어떻게 마음이 눈으로부터 조각조각 전달받은 영상정보를 처리하는지를 이해하는 것이 중요하다. 두뇌는 이미지를 네 가지의 기본적인 영상의식의 요소로 처리한다. 색, 형태, 깊이, 그리고 움직임이다.

인간의 모든 추론은 역사성을 거부한다면 습관의 효과에 불과해 각 상황으로부터 파생되는 어떤 인과관계를 명확히 도출할 수는 없다. 즉, 개인은 본능적 취향에 따라 습관의 연합, 혹은 자연적 믿음과 취향을 형성한다. 각기 다른 육체적 조건을 가진 개인은 '다른 의미'

의 개념을 지닌다.

여러 가지 복합적인 원인들에 의해서 결과가 일어나기 때문에 그것을 예측하고자 할 때, 확률적으로 말하게 된다. 원인은 복합적인 것이 아니더라도 그 현상을 측정하는 수단 자체가 주요한 매개 작용과 원인으로써 작용하기에 충분한 인지가 되지 않는다.

결국은 미디어의 영상내용물을 측정하는 매개수단과 인간의 신체구조로 인해 인지의 인과율이 '확률론' 에 의존한다.

더욱이 스크린은 수평, 수직 좌표뿐만 아니라 3차원공간이다. 거리, 깊이 그리고 입체성이 존재한다. 수평의 좌표를 X, 수직의 좌표를 Y라 하면, 깊이의 좌표인 Z가 있는 것이다. 이 세좌표를 통해서 메시지의 양과 의미가 표현되어 서로 연관되어 있지만, 영상기호와 그 의미의 차이를 드러낸다. 인터넷상의 문자(언어)의 형태에 그림자를 통한 입체성을 달리하면, 주어지는 메시지의 내용이 확률론에 입각하여 다르게 수용자에게 인지될 수도 있다.

배너위치에 의한 효과

배너는 웹 페이지의 특정 부분에 위치하는데 대부분의 경우 웹페이지 상단 첫 부분에 위치시켜 웹페이지의 디스플레이와 동시에 제일 먼저 사용자들에게 노출시키는 방법을 사용하고 있다.

이런 방식은 인터넷에 대한 경험이 없는 광고주들을 설득시키는 데에 있어서 가장 효과적인 방법으로 인식되고 있는 실정이다. 그러나 이런 방식이 갖고 있는 결정적인 취약점이 지적되고 있다. 배너광고에 익숙해진 대부분의 네티즌들은 웹페이지 전송과 동시에 스크롤바를 이용해서 화면을 밑으로 내려 상단에 있는 배너를 실제로 화면상에는 나타나지 않게 하는 경우가 많다는 것이다.

따라서 이러한 단점을 보완하기 위해 보통 최상단 부분과 짝을 이루어 최하단에 동일한 광고주의 배너나 혹은 다른 배너를 위치시키는 방법을 사용하고 있다. 그러나 맨 하단에 위치시킨다해도 사용자들이 빠르게 전송되어 로드되는 컨텐츠의 텍스트를 읽고 링크를 따라 다른 웹페이지로 이동할 때 맨하단까지 화면을 스크롤할 것을 기대하는 것도 어려운 일이다.

미국 미시간대학의 배너위치와 크기에 따른 반응률에 관한 프로젝트에서는 세 개의 가설을 세우고, 통계기법을 이용하여 배너위치와 크기에 따른 반응률의 차이를 검증하는 방법으로 이루어졌다.

Test 1 상단 첫부분에 위치한 배너보다는 오른쪽 스크롤바 옆에 위치한 배너가 228% 높은 CTR을 얻었다. 최상단보다 오른쪽 스크롤바에 위치한 배너가 일반적으로 사용자들의 마우스 포인트에 가깝게 위치하기 때문인 것으로 결론을 내렸다.

Test 2 최상단 첫부분보다는 아래쪽으로 1/3정도 내려온 배너의 CTR이 77% 높다는 것으로 나타났다. 아래쪽으로 조금 내려온 배너가 사용자의 시선에 노출될 확률이 높고 마우스 포인터에 보다 가깝게 위치할 수 있기 때문인 것으로 풀이된다.

　Test 3 최상단 첫 부분 하나와 최상단과 하단 둘은 통계적으로 무의미한 수치(0.07%)를 나타내어 어느 위치가 효과적이다 라는 결론을 내릴 수 없게 되었다.

인터넷광고 매체형식 :
마케팅 도구의 패러다임 전환

　　인터넷광고는 재정적자를 초래할 수 있고, 효과면에서도 확률론적인 측면을 나타내고 있다. 이에 따라 온라인 광고 혹은 인터넷광고의 대표적인 웹광고는 저조한 클릭률과 주목률로 인해 광고주들의 외면을 받기 시작했다. 개별 매체사들은 효율적인 광고전략을 위한 각종 방안을 개발하고 있는 중이다.

　　인터넷광고는 재정적자초래와 확률론적인 효과라는 본질적인 특성으로 여러 문제점들을 안고 있다. 예컨대 인터넷광고는 수용자의 능동성에 과도하게 의존한 결과 노출효과와 인지효과에 두각을 나타내지 못한다.

　　즉, 매스미디어는 수용자에게 반강제적으로 메시지를 투입시키지만 인터넷은 수용자가 선택적으로 메시지를 채택하기 때문에 광고의 노출이 저조할 수밖에 없어 광고주의 외면을 초래한다. 쌍방향을 구현하고 있다고는 하나 아직까지도 완벽한 쌍방향을 구현하기에는 미흡한 점이 많다.

이 같은 문제점들은 전통적인 배너광고의 클릭률을 저조하게 만들었고, 새로운 리치미디어를 탄생시키게 기여했다. 리치미디어는 텍스트나 이미지가 아니라 비디오, 오디오, 사진 애니매이션 등을 결합한 멀티미디어 형태의 인터넷광고이다. 리치미디어 사례로는 동영상광고, 게임식광고(이벤트성 광고) 등이 있다.

그러나 리치미디어도 나름대로 파일크기가 커서 다운로드 시간이 지연되고, 제작비 등의 문제로 기존 배너광고 보다 광고효과를 대폭 증가시킬 수 있다고 말하기는 힘든 상황이다.

인터넷이 마케팅도구라고 본다면, 마케팅분야에서 새로운 패러다임이 등장한 것은 오프라인상에서의 마케팅무대가 사이버상으로 영역을 확장하면서 나타나는 이른바 시장확대의 패러다임을 의미한다. 소비자가 1회성의 거래의 대상이 아니라 지속적인 관계형성을 위한 경험주체라는 상호작용적 관계 패러다임 차원에서 생각해 볼 수 있다.

그러나 마케팅 패러다임이 전환되었다고 해서 기존광고 매체도구의 수익성이 보다 나아졌다고 말할 수 있는가? 꼭 그렇다고 볼 수는 없다. 사회구조가 바뀐 것에 따른 마케팅도구의 전환일 뿐이다.
기존 인쇄매체 광고때 보다 인터넷광고 일 경우 더 수익성이 있지 않
기 때문이다. 제자리걸음일 수 있으며, 미디어 자체는 제도나 체계
(체제) 유지적 성향만이 강할 뿐이다.

Chapter 06

언론의 역할과 기능 : 사회개혁

예수의 구두커뮤케이션
비유커뮤니케이션 사례

"예수가 겁쟁이 '언론인' 이라구요? 글쎄요. 수공업(목수) 출신의 예수가 신의 아들인데, 언론인이라니요? 그것도 겁쟁이라면, 왠지 불경스러운 판단이 아닌가요?"

정보화사회인 오늘날에도 그리스도인들 사이에서는 일반인처럼 비판적인 어조로 예수에게서 '언론관' 이 무엇인지 찾으려는 노력을 하기라도 하면, 신적인 권위와 위엄에 도전한다는 생각을 하는 게 당연한가 보다.

그러나 우리는 예수와 신약성서 기자들이 살았던 로마의 속국 유

대 이스라엘 시대와 팔레스틴 지역과는 사뭇 다른 컴퓨터, 휴대폰 등
이 매개한 뉴미디어를 다루는 곳에서 살고 있다. 게다가 더 이상 신
문 톱기사 제1면에 예수의 행적 등이 오르내리지 않는다.

어찌 보면, 당시 인쇄매체조차 발달되지 않은 상황에서 전적으로
구두커뮤니케이션에 의존한 시대에 예수의 삶이 지금의 우리와는 많
이 동떨어져 있는 것처럼 보일 때도 있는 것이다.

세계적으로 유럽사회 등지에서는 예수가 설 곳이 거의 없고, 심지
어 우리나라에서도 그리스도인들이 갈수록 줄어들고 있는 실정이라
는 것을 유념할 필요가 있다.

이는 예수의 신성부분에만 집착한 나머지 발붙이고 살아야할 현
실세계를 망각하다보니, 그 정도는 더 심해가고 있다. 그 당시에도
예수는 산에서 번쩍 나타나고, 구름을 타고 다니는 요술쟁이가 아닐
것이다.

언론의 가장 기초수단인 구두커뮤니케이션으로 대중을 설득한 커
뮤니케이션적인 '참인간' 이기도 했던 것이다. 그리고 가까운 친척이
기도 한 세례 요한이 거침없이 직설적으로 유대 본봉왕 헤롯을 비판
하다가 목이 잘려 죽자, 예수는 전략적으로 자신의 주장을 비유로 간
접적으로 말해 목숨을 아낀 그런 이였다.

예수가 마가(마르코)복음 10장 42절에서 제자들에게 '백성들을

다스리는 집권자들이 권력으로 백성들을 억압한다'고 말하기(구두 커뮤니케이션)조차 했으나, 친로마적인 입장과 친유대적인 입장을 동시에 갖는 수사학적인 발언을 통해 로마정부에 대한 저항을 무디게 했다.

어떤 누가 감히 현대언론이 정부·기업에 기생해서 '광고'를 얻어먹는 정부(情婦)라며 돌을 던질 수 있단 말인가.

그런데 예수가 당시 말하기 어려운 로마정부와 그의 신하인 유대를 지배한 본봉왕 헤롯의 지배형식을 솔직 담백하게 해석하고 비판한 부분이 없는 것은 아니다. 아마도 이런 부분들이 누설됨에 따라 예수도 세례 요한처럼 집권자로부터 감시의 대상이 돼 왔고 끝내는 십자가처형이라는 처참한 죽음을 맛보게 된 게 아닐까 싶다.

예수시대 당시 헤롯의 아들 아르켈라오가 폐위된 후 기원 후 6년에는 유대지역을 시리아 총사령관 감독 하에 있는 로마총독의 지배를 받게 됐다. 이에 따라 바리새파 등은 친로마적인 처세를 취했으나, 헤롯파는 유대를 다시 로마총독의 지배로부터 해방을 꾀해, 헤롯의 지배에 종속시키려는 정치적 목적을 가졌다.

이처럼 분열된 국론에 대해 예수는 비유커뮤니케이션으로 이들의 심기를 건드리지 않으면서, 유대민중의 마음을 사고, 로마정부의 지지를 얻으려고 했다. 이 같은 포괄적이고 애매모호한 태도는 헤롯과

로마지배에 종속됐던 유대의 민중들의 지지를 끝내 얻지 못하고 겁쟁이 모습으로 십자가처형이라는 처참한 죽음을 맛보게 했다.

여기에서 예수의 커뮤니케이션이 대체로 대중을 대상으로 민심을 사기 위한 구두로 이뤄졌고, 특히 권력의 감시와 억압을 피하기 위한 비유로 행해졌음을 주목한다. 그러다 보니, 집권세력인 대제사장, 헤롯, 로마총독 빌라도 등은 예수의 구두 비유커뮤니케이션이 당시 유대 율법에 반하고, 로마정부에 도전세력이라는 것을 입증해 내기 위해 끊임없이 질문을 했다는 것을 알 수 있다.

이 같은 예수 모습의 전승은 권력과 대중의 대립구도로 이뤄진 산업사회에서는 적합했다고 볼 수 있다. 그러나 현대 정보화 사회와 미래사회에서는 과연 적용될 수 있을지 의문이다.

잠깐 휴식하세요

예수의 비유커뮤니케이션을 연구하다 보면, 여러 의문들이 생긴다.
그 중에 로마정부가 핍박하던 기독교가 후에 국교로 받아들인 이유는 예수를 표상하는 기독교가 당시 기득권 입장에서 '사회 경제 정치' 체계를 보호하고 옹호하는 데 큰 역할을 할 수 있어서가 아닌가 등등이다.

예수의 언론관 :
계층의 유동성 추구

1. 언론의 역할개념1 : 'STATUS QUO & STATIC QUO'

1) status quo

　– 현상, 사회계층 : 정체된 의미.

　– 사회계층이 변하지 않아 썩어 가는 상태.

2) static quo(연구자 개념정의)

　– 현상, 사회계층 : 유동적인 의미.

　– 사회계층이 변할 수 있어 계층이 충분히 이동 가능.

언론은 status quo를 static quo 상태로 옮기는데 의의가 있다.

2. 언론의 역할개념2 :

일반신문뿐 아니라 기관지(사보)는 조직체 내외부를 원활히 조율해 공평한

인사 등을 하는데 의의가 있다.

CJI 한국언론연구소 연구실

　　세례 요한의 삶의 목적은 앞으로 오실 메시아의 길을 예비하는 것이었다. 이를 위해 요한이 태어났다고 신약성서의 마가(마르코)복

음 기자는 보도했다. 말라기서, 누가(루가)복음 등의 기자도 이와 동일하게 보도하고 있다.

신약성서 기자들은 요한이 분명 예수를 메시아, 즉 '하느님의 아들'이라고 부르면서 자신보다 훨씬 크신 분이라고 평가했다고 보도했다. 또한 기자들은 요한이 '자기는 메시아가 아니라 메시아의 예비자'라고 말했다고 기록했다.

한편 요한과 예수의 관계를 사촌 혹은 육촌으로 추측하는 신약성서 기자도 있으나 이는 부차적인 내용이다.

헤롯가계 근친결혼

헤롯대왕의 가계는 한집안 사람끼리 결혼했다. 헤롯대왕에게는 아내가 많았다. 그의 아들 중 하나인 헤롯빌립은 조카딸 헤로디아와 결혼했다. 헤로디아는 뒤에 빌립과 이혼하고, 빌립의 형제인 헤롯안디바와 결혼했다.

헤롯빌립의 형제인 헤롯빌립2세는 자신의 종손녀이며 헤로디아의 딸인 살로메와 결혼했다.

헤롯안디바에게 속임수를 써서 세례요한을 처형하도록 음모를 꾸민 것은 아내 헤로디아와 딸 살로메였다. 헤롯아그립바 1세의 딸 버니게는 큰아버지 헤롯칼키스와 결혼했다.

결혼 통한 정치적 세력 확장

A.D. 6년에 로마는 안디바에게 헤롯칭호를 주었다. 이는 로마제국으로부터 정치적, 사회적 지위를 보장받는 것이었다. 이어 안디바는 아라비아왕 아레다의 딸과 결혼했다. 세력을 확장시키기 위한 정치적인 의미가 담겨있다고 본다. 하지만 그는 곧 그의 아내를 버리고 형제 헤롯빌립의 아내였던 헤로디아와 결혼했다.

이후 헤로디아는 안디바를 부추겨 로마로 가서 왕의 칭호를 요구하라고 했다. 이미 왕의 칭호를 받은 아그립바는 안디바를 경쟁자로 보고, 즉시 안디바를 적대하게 되었다.

안디바는 오늘의 프랑스로 추방당했다. A.D. 37년 로마의 황제 갈리굴라의 친구였던 아그립바는 안디바의 영토를 모두 차지했다.

세례 요한, 헤롯가계 근친결혼 직접 비난

세례 요한은 헤로디아가 헤롯빌립과 이혼하고 빌립의 형제인 헤롯안디바와 결혼한 것에 대해 격렬히 비난했다. 요한은 헤롯대왕 가계의 세력을 키우려는 근친결혼이 집안을 더욱 불행하고 어지럽게 만들었다고 주장했다. 그래서 헤로디아는 요한을 미워하고 기회만 있으면 요한을 죽이려 했다.

하지만 안디바는 요한의 대중적인 인기 때문에 그를 죽이지 못했고, 그는 요한을 죽일 경우 백성들의 폭동을 예상했던 것이다.

그러나 딸 살로메는 어머니 헤로디아에게서 요한을 죽이라는 부추김을 받는다. 결국 딸 살로메는 아버지 헤롯 안디바를 유혹하는 춤을 추고, 안디바에게 요한을 처형하라고 간청한다. 안디바는 딸 살로메의 간청을 들어주게 되고, 요한은 목을 베이는 처형을 당하게 된다.

세례 요한 '내 · 외부 조율' 언론 역할 간과

세례 요한은 헤롯대왕 가계의 세력을 키우기 위한 근친결혼을 비판하였던 것이다. 헤롯대왕은 신약당시 유대인들이 거주해온 갈릴리 지역을 통치했다. 헤롯은 헤롯가계의 세력을 공고히 하기 위하여 내부 근친결혼 등의 여러 정책을 펼쳤다. 결과적으로 갈릴리지역은 사회계층이 변하지 않은 정체된 상태가 되었다. 'Status quo' 상태였다.

이에 세례 요한은 거세게 헤롯의 정책을 비판하였다. 근친결혼으로 계층이동이 안 되는 갈릴리 지역을 계층이 충분히 이동 가능한 'Static quo'(연구자 개념정의) 상태로의 전환을 주장했던 것이다. 언론은 Status quo를 Static quo 상태로 옮기는데 의의가 있다.

그런데 세례 요한은 언론의 역할 가운데 한 가지를 무시한 측면도 있다. 요한은 조직체 내 · 외부를 원활히 조율해 공평한 인사 등을 하는데 의미가 있는 언론의 역할을 간과했다. 이에 따라, 요한은 죽음을 당하는 비극적인 사건이 벌어지게 된 부분이다.

예수의 등장

세례 요한을 투옥시키고, 목을 벤 헤롯대왕의 아들 헤롯안디바는

B.C. 48년 아버지 헤롯대왕의 땅 일부를 물려받아 갈릴리와 베뢰아의 분봉왕이 되었다. 예수가 십자가 처형을 당하기 전에 예수를 재판한 사람도 안디바였다. 이 당시 로마총독은 빌라도였는데, 예수의 재판을 통해 빌라도와 안디바는 친해졌다.

안디바는 예수를 보고 '자기가 목을 벤 세례 요한이 다시 살아났다' 고 말한 내용이 기자에 의하여 신약성서에 기록됨에 따라, 예수도 세례요한과 마찬가지로 갈릴리지역을 Status quo에서 Static quo 상태로 옮기기 위해 헤롯가계를 비판했다는 것을 추측할 수가 있다.

그런데 신약성서 기자들은 세례 요한이 분명 예수를 메시아, 즉 '하느님의 아들' 이라고 부르면서 자기보다 훨씬 크신 분이라고 평가했다고 보도했는데, 예수와 세례 요한의 질적인 차이는 무엇일까.

예수의 수사학 우위

폴리스의 구성원으로 개인성을 중시하고, 사회적이고 정치적인 관심을 가졌던 그리스인들은 그리스 사회의 모든 분야에서 언어구사의 중요성을 강조했었다. 이들에게 언어는 권력과 위엄에 대한 사회, 정치적 투쟁에서 효과적인 도구가 되었다. 지적인 능력뿐 아니라, 수사적인 능력은 공공적인 분야에서 성공을 위한 주요한 선결요건이었다.

그리스 정부는 크게 정치가들의 커뮤니케이션 기술에 의존했다.

정치가들은 날카롭게 언어의 중요성과 효과적인 커뮤니케이션을 알
았다.

세례 요한은 예수의 지적우위 뿐 아니라 수사적인 능력을 높이
평가했음에 틀림없다. 결과적으로는 효과적인 커뮤니케이션 우위를
평가했던 것이다. 심지어 요한조차도 예수를 대제사장, 예언자, 왕의
의미인 '메시아' 라고까지 평가했다.

예수의 비유법

사람들은 구두커뮤니케이션으로 여러 세기 동안 이야기나 비유의
형식을 사용해왔다. 비유는 이야기의 한 방법으로, 사람들이 잘 모르
는 내용을 익히 아는 것에 빗대어 가르쳐주는 것을 뜻한다.

예수는 이 같은 표현방식인 비유법에 능통하였다. 예수는 비유를
들어 사람들이 잘 모르는 것들에 대해 잘 설명하였다. 그는 익히 알
고 있는 이 세상의 일들에 대해 비유로 이해하도록 유도했다. '씨뿌
리는 자의 비유' 등은 아주 대표적인 예수의 비유라고 하겠다.

비유법 사례 "가이사의 것은 가이사에게"

마태복음 22 : 15-22, 마가복음 12 : 13-17, 누가복음 20 : 20-26

가이사 라는 이름은 율리우스 케사르 가문의 성이었다. 후대에
는 그의 계승자들이 이를 칭호로 삼아서 왕과 비슷한 뜻으로 사용
되었다.

신약성서에 가장 많이 언급된 가이사는 디베료 황제이었다. 예수가 "가이사의 것은 가이사에게 바치라"고 말한 그 데나리온 주화에는 디베료 두상이 새겨져 있다. 유대인들은 로마에 바치는 조공이 곧바로 가이사(디베료)의 개인 금고로 들어갔기 때문에 조공 바치는 것을 싫어했다. 조공은 유대가 로마의 속국임을 나타냈다.

그런데 유대인들은 은화 세겔을 사용한 기록이 있다. A.D. 66-70년 유대인들이 로마에 항거했던 당시 빈번히 사용했다고 한다. 결국은 유대인들이 사용했던 주화와 로마인들이 사용했던 주화가 다르고, 화폐독립을 꾀했다고 볼 수 있다. 대안학교로 설립되었던 녹색대학도 독립된 화폐사용을 시도한 적이 있다. 경제적인 화폐사용을 독립함으로써 사회, 정치 등의 종속적인 관계를 탈피하려는 의도가 숨겨있다. 예수는 경제적인 독립을 주장했다는 의미로 '가이사의 화폐는 가이사에게' 라는 비유적인 언어구사로 되새겨볼 만하다.

이에 따라 그 당시 종교지도자들과 정치인들은 예수를 매우 위협적인 존재로 파악했다. 그들은 예수를 궁지에 몰려고 했다.

예수가 만일 비유적인 화법을 사용하지 않았다면, 세례 요한처럼 일찌감치 목이 베어질 수 있었다. 예수는 구두커뮤니게이션이 발달된 그 당시, 언론의 표현방식인 '말하기'를 적절히 비유적으로 잘 구사함에 따라 입지를 공고히 했었고, 정치인들과 종교지도자에게는 위협적인 인물로 각인되었던 것이다.

그럼에도 세례 요한처럼 조직체 내부를 원활히 조율해 공평한 인사 등을 하는데 의의가 있는 언론의 역할을 간과함에 따라 십자가 처형을 당하는 비극적인 사건이 벌어지게 되었다.

후대에 가서는 신약성서기자들이 '부활메시지'로 '예수의 언론관'의 모순이 없다는 정당화작업을 거치게 되었고, 신앙의 영역으로 해석하고 있다.

비교커뮤니케이션 :
선진국과 후진국 신문

정보유통 불균형, 불공평한 경제질서 산물

선진국과 개발도상국, 후진국 간의 격차는 시간이 흐르면 자연적으로 해결될 성질의 것은 아니다. 개발도상국과 후진국이 선진국의 재정적 지원을 바탕으로 선진국을 따라 잡으리라고 기대하기는 힘들다는 게 일반적인 시각이다.

선진국과 개발도상국간의 불균형을 줄이기 위해서는 '지원' 이상의 것이 필요하고, 기존의 노동분업을 재조정하는 신국제경제질서의 필요성이 요구된다.

이에 따라 정보유통의 불균형도 불공평한 경제질서의 산물이라고 볼 수 있어 근본적인 문제가 해결되기 위해서는 보다 광범위한 구조적 개혁이 필요하다.

또한 언론의 자유 규정은 법률적으로 명문화하고 있으나, 구체적인 의미나 자유허용의 정도는 그 나라의 경제적인 실정과 법의 운용에 따라 다르다고 한다. 자유는 어떠한 국가이든지 간에 다소의 제재를 받게 마련인데, 체제, 국가발전정도, 제도와 전통 등에서 오는 차이로 나눠 볼 수 있다. 일반적으로 사회와 정치경제가 발전하면 할수록 동일한 민주화이념을 추구하는 국가간에도 언론통제에는 큰 차이가 있다.

즉, 개발도상국과 후진국에는 언론자유에 대한 명문화 규정과는 상관없이 언론은 그때그때의 상황과 필요에 따라 폐쇄통합이나 지도자에 대한 비난을 하기 어렵다. 간접적으로는 언론이 심한 통제를 받게 된다.

개발도상국에서는 언론자유에 대한 명문화 규정과는 상관없이 언론은 그때그때의 상황과 필요에 따라 폐쇄, 통합이나 사전검열이나 사후검열을 받게 된다. 국가에 대한 비판이나 지도자에 대한 비난을 할 수 없으며, 간접적으로는 정부의 보조금이나 신문용지의 배급 등을 통해 언론이 통제를 받게 된다.

반면에 2차대전후의 서구 선진국언론은 표현의 자유를 규범화하는 법의 보호아래 있었다. 미국의 초기 신문들은 경제적이고, 정치적인 이유로 형성됐다. 이와 중에 미국의 1960년대 동안 지하신문의 발전, 그리고 서구 그룹들에 의한 공동체신문들은 전통매체가 전달하는 불충분한 정보를 보충해냈다. 선진국의 언론통제형태로는 국가의 직접적인 통제가 아닌 명예훼손, 프라이버시권침해, 음란죄, 출입처에 대한 엑세스권(Access Right) 규제, 피드백(Feed Back) 통제 등이 있다.

결국은 언론매체에서 신문을 사례로 들면, 신문이해에 필요한 신문자체 뿐 아니라, 정치 경제 교육수준과 같은 외적변인의 조사가 요구된다. 특히 경제적인 변수는 가장 큰 요인이 될 수 있다.

개발도상국과 후진국은 대체로 도시집중현상, 신문의 경제적 불안정성, 언어의 다양성화현상, 정치성의 역기능 등이 특징을 갖는다. 개발도상국과 후진국 언론은 선진국 언론에 비해 신문의 경제적 독립과 정치적 자유 역시 크게 침해를 받고 있다고 여겨진다.

우리나라는 현재로서는 개발도상국에서 선진국으로 넘어가는 과도기 언론일 듯 싶다.

언론사적으로 자본의 본원적 축적과 분업형식이 커뮤니케이션 구조에 침투해 왔다. 인쇄기계의 발명, 라디오, 텔레비전, 컴퓨터 등의 급속한 발전과 함께 커뮤니케이션 매체는 자본주의 생성과 역사적 축을 같이 해온 자본주의 경제의 산물이다.

후진국신문-정보종속현상, 선진국신문-법제 지배 적용

이에 따라 후진국 신문들은 전문적인 언론인이 부족하고, 뉴스의 정보원은 그 상당부분을 외국이나 국제통신시설에 의존할 수밖에 없는 정보종속현상을 낳았다.

경제적인 우위를 점하는 선진국의 언론은 언론의 검열과 압제에 대한 정부의 간섭금지, 언론자유에 대한 제한들은 법정에 의한 관점에 의해 지배되거나 적용되는 것을 원칙으로 삼아왔다. 정부의 간섭 없이 법정들은 법제들을 적용할 권리를 갖는다.

신문자유에 대한 체계적인 연구를 한 닉슨 교수도 언론자유가 경제적 수준과 관계가 있다고 지적한다. 경제적 차원에서 선진국이 보다 언론의 자유가 있으며, 개발도상국은 언론자유가 제한적이라고 밝힌다.

시버트(Frederick S Sibert)는 자유계약의 범위와 정부의 압제강화는 사회구조의 정부 안정성의 강조로 제시된다고 밝힌다. 따라서 그는 심지어 서구의 선진국 언론도 그들의 존재가 위협받을 때는 불안정한 조직들의 언론활동을 관용하지 않을 것이라는 것을 덧붙이기에 급급하다.

주간지시대 도래

앞으로는 권력의 핵심이며 여론의 중심축이라 여겨지던 유료일간지보다는 무료일간지(무가지)나, 심층적인 경제산업의 흐름과 전망 등을 담은 (시사)주간지가 많은 독자를 확보하고, 여론을 주도해 나갈 것으로 예측되고 있다.

일간지, 무가지 등으로 대체

최근 들어 유료일간지 시장에 적신호를 알렸다. 대중들의 왕래가 많고, 발의 역할을 하는 지하철에는 조선일보 등 유력일간지 보다는 메트로 포커스 등 일명 공짜신문(무가지)들이 더 많이 읽혀지고 있으며, 실시간 뉴스를 전하는 YTN 뉴스 등의 전광판이 곳곳에 설치돼 있어서다.

광고시장을 앞세운 정보신문(무가지)들이 시민들에겐 큰 부담이 없게 된 것이다. 또한 실시간 뉴스를 전하는 매체 등으로 인해 기존 유가지들이 독자들을 잃고 있을 뿐 아니라 영향력도 이에 밀리고 있다.

이젠 어찌 보면, 일간지 시장은 무가지로 평정될 듯 싶다. 정론을 앞세우는 두툼한 신문보다는 꼭 필요한 정보들을 매일매일 알면 된다는 독자들의 마음과 무가지가 통한 것이다.

그러나 국내 유력 일간지들도 상황이 이렇다보니 어쩔 수 없이 무가지 경쟁에 합류하고 있고, 기존 무가지들은 이에 따라 초긴장 상태일 것으로 보여진다.

일간지시장은 조만간 이로써 실시간 뉴스를 전하는 매체와 무가지로 대체될 듯 싶다.

주간지시장 한계 벗어나

주간지시장의 경우는 현재 미디어 효과, 독자수 등에서 일간지 보다 못한 것은 사실이다. 이로 인해 광고단가도 낮고, 여론주도성도 약한 편이다.

그러나 세계적으로 유명하고 권위적인 엘리트신문인 미국의 타임지, 독일의 슈피겔지 등은 일간지가 아닌 (시사)주간지이며, 유럽 등지에서 매우 폭넓게 배포되는 매체 가운데 하나로, 정부의 부정행위를 진단하고, 공격적이며 비판적인 뉴스를 과감히 다루는 매체이다.

한 일간지의 전 미국 워싱턴특파원은 이에 대해 "미국 등 선진국의 언론은 이미 주간지가 주도하고 있으며, 정치·경제·특정산업 등을 다루는 전문 주간지들의 영향력은 대단하다"고 설명하고 있다.

그런데 아직도 대기업 홍보담당자나 마케팅담당자는 시대 흐름을 못 읽듯 "조선일보, 동아일보 등 유력일간지에 비해 (시사) 주간지의 여론형성 효과는 약하다"면서 "부정적인 기사가 주간지 등에 나오면 일간지에 비해 긴장할 필요가 없다"고 말하고 있다.

국내 외국기업은 심지어 주간지에 대한 데이터도 갖고 있지 않다. 외국기업 한 관계자는 '일간지도 아닌 주간지가 부정적인 기사를 게재한다 해도 눈 하나 깜짝하지 않는다' 고 말한다.

주간지, 언론의 사회책임 강조

일간지들이 언론의 자유 및 권위주의 등을 앞세워 정보성, 속보성 위주로 간다면, 주간지들은 정부와 기업, 사회에 대한 폐해와 횡포에 대한 회의와 반성에서 출발한 언론의 사회책임을 강조할 것이다.

주간지는 뉴스의 속보성에선 일간지보다 한발 뒤지는 것은 사실이지만, 뉴스의 해설과 분석면에서 심층적으로 접근할 수 있는 장점이 있다. 대중들을 대상으로 설득력을 앞세운 주간지는 정확한 의제설정만 이뤄진다면, 미디어 효과 뿐 아니라 산업으로써 일간지에 뒤지지 않을 것이다.

예전부터 언론의 역할과 기능은 굉장히 중요했어요. 사회개혁, 감시, 교육, 여론형성 등이 그것이죠. 당연히 논술교육도 이런 차원에서 출발했겠죠.

언론논조, 논술논조 :
개혁이냐, 혁명이냐

> 글을 쓰기 전에 왜 글을 쓰려고 하는지, 말하고자 하는 것이 무엇인지를 분명히 해야 한다. 그래야 글의 방향을 잡기 쉽다. 자신의 주장이나 의견을 내세울 때도 '무엇'을 말하는 것인지를 분명히 해야 그것을 '어떻게' 알차게 전달할 수 있을지 따져볼 수 있다.
>
> 고등학교 논술 교사 한효석

스코틀랜드의 민족적인 영웅 윌리엄 월레스를 그린 영화, 멜 깁슨 감독·주연의 '브레이브 하트'에서는 초약권 문제를 혁명적인 역사적 관점에서 출발한다. 이 문제를 자세히 들여다보면 요즘 '정치 경제 사회 문화' 관련 정책사안들의 현실성을 놓고 언론사별로 기사나 사설 논조의 방향을 '개혁이냐 혁명이냐'라는 논쟁과 물음이 어떻게 제기돼 왔는지 의미 깊게 와 닿을 수 있다.

이에 대한 논의는 결과적으로 논술의 논조를 결정하는데 주요한 기준이 될 것이다.

초약권, 그 당시 역사적 산물

초약권이란 결혼하기 전에 먼저 신부를 봉건영주에게 하룻밤을 지내도록 하는 법적(물권) 개념인데, 이 영화의 역사적 배경이 되는 13세기 말 잉글랜드의 전제 군주인 롱섕크의 탄압을 받고 있던 스코틀랜드에서는 초약권이 적용됐었다.

티벳지방 몽고, 네팔 등지에서 믿는 불교의 분파중 하나인 라마교에서도 초약권이 있어 결혼전 라마승과 먼저 동침을 하도록 할 정도로 초약권은 과거엔 아주 크게 문제가 되지 않았던 역사적인 산물이었던 것이다.

그러나 영화 '브레이브 하트'에서는 그 당시 역사적 배경 시기인 13세기말 지금 21세기와 비교해 보면 문명의 초기일 때, 주인공 월레스(멜 깁슨)는 그에게 운명적인 사랑의 여인인 머론(캐서린 맥코맥)을 만나게 되고 그와 결혼한다. 그런데 월레스는 그 당시 초약권 제도는 당연히 지켜져야 하는 것이라서 자신의 여인을 먼저 봉건영주에게 동침을 허락해야 하는데도 크게 저항하다 머론은 잔인하게 처형된다.

오늘날 이 월레스의 초약권에 대한 저항은 큰 호소력이 있고, 상식적인 것일 수 있다. 그러나 13세기말 과연 월레스는 상식적인 사람이었을까. 지금에 와서는 혁명적인 사람으로 평가받을 수는 있어도 아마도 정신 나간 사람일 수 있다. 그 당시에는 현실적인 저항이 아니었기 때문이다.

대통령 탄핵사례 '개혁—혁명 발상' 연관

예전에 대통령 탄핵과 관련해 뜨거운 논쟁이 있었다.

이와 중에 당시 중앙대 석좌교수였던 도올 김용옥은 대통령 탄핵 사태를 신랄히 비판하며 '민중의 함성이 헌법' 이라고 주장하고 나섰다. 이에 대해 대전지법 논산지원 유재복 판사는 법원 내부 통신망에 올린 '법을 생각해 본다' 는 글에서 "텔레비전 강의로 유명세를 탄 어느 학자(도올 김용옥)는 헌법재판관을 법의 단순한 해석자로 폄하하면서 '민중의 함성', 그것이 헌법이란다"며 "이는 실정법은 언제든 민중에 의해 거부될 수 있다는 주장인 듯해 성실히 살아온 법조인으로서 모욕당한 느낌"이라고 정면 비판했다.

유 판사는 "선동적인 다중의 힘으로 실정법을 거스르는 것은 법치주의의 부정이요, 폭력이거나 혁명"이라고 주장했다.

도올 김용옥의 '헌법이란 조문이 아니라 역사적 체험에서 우러나오는 것으로 헌재의 판결을 기다리지 말고 민중은 분연히 일어서야 한다' 는 주장에서 이 논쟁은 시작됐다. 김용옥은 법을 우리 성문법보다는 불문법에 기초해서 '그대로 있는' (being) 개념이 아닌 '되어가는, 생성되는' (becoming) 개념으로 규정한 것이다. 현실성 물음에서는 유 판사 주장이 설득력이 있으며, 상식적이다. 그러나 한마디로 '개혁이냐 혁명이냐' 발상이 그대로 적용된 논쟁인 셈이다.

결국 영화 '브레이브 하트'에서는 월레스가 자신의 여인 머론의 죽음을 복수하게 되고 그 과정에서 하나 둘씩 모여드는 스코틀랜드 사람들을 모아 용맹과 투지로 무장한 저항군을 이끄는 지도자가 된다.

그러나 월레스는 잉글랜드에 매수당한 저항군의 배신으로 전투에서 지고, 포로가 되어 런던에서 공개 처형을 당한다. 먼 훗날에 가서야 월레스의 죽음에 고무된 스코틀랜드는 그의 의로운 정신을 받들어 베노번 전투에서 잉글랜드에 승리를 거둔다.

여하튼 대통령 탄핵문제는 초미의 관심으로 논쟁이 극렬화 됐지만, 그대로 대통령직을 유지하는 것으로 마무리됐다. 앞으로도 우리에게는 정치적인 사안 뿐 아니라, 대학입시향방, 노조의 경영참여, 분배와 성장의 우선문제 등의 정책사안들을 놓고도, 또 한번의 '개혁이냐, 혁명이냐' 라는 홍역의 전투를 벌일 수밖에 없게 된 것이다.

오늘날은 대중과 매스미디어의 시대라고 한다. 커뮤니케이션은 점차 강력해져서 최종적으로는 커뮤니케이션을 통제하는 사람이 세계를 지배할 것이다. 이는 논술, 기사작성 칼럼 등과 말하기가 단지

글짓기가 아닌 '논조가 있는 힘 센 칼' 과 같은 것이어서 대중들의 마
음과 행동을 움직일 수 있기 때문이다.

사상사적으로 권력(세속적인 칼)과 말(영적인 칼)이 있다고 해요. 문(文)이 무(武)보다 강하다는 말이 있듯이, 논조가 있는 언론교육, 논술교육으로 세속적인 칼을 선하게 휘두를 수 있게 하도록 함께 노력하죠.

언론을 알아야 보이는
'대입논술 주요 기출문제'

01 다음 제시문을 읽고 논제에 답하시오.

(가)

대지와 그것에 속하는 모든 것은 인간의 부양과 안락을 위해서 모든 인간에게 주어진 것이다. 그리고 대지에서 자연적으로 산출되는 모든 과실과 거기서 자라는 짐승들은 자연발생적인 작용에 의해서 생산되기 때문에 인류에게 공동으로 속한다. 따라서 그러한 것들에 대해서는 그것들이 자연적인 상태에 남아 있는 한, 어느 누구도 처음부터 다른 사람을 배제하는 사적인 지배권을 가지지 않았다. 하지만 사람들에게 이용하도록 주어진 이상, 그것들을 특정한 사람이 일정한 용도에 맞게 사용하거나 그것으로부터 이득을 얻기 위해서는 이러저러한 방법으로 그것들을 수취할 수 있는 수단이 있어야 마땅하다. [중략]

비록 대지와 모든 열등한 피조물은 만인의 공유물이지만, 그러나 모든 사람은 자신의 인신(人身)에 대해서는 소유권을 가지고 있다. 이것에 관해서는 그 사람 자신을 제외한 어느 누구도 권리를 가지고 있지 않다. 그의 신체의 노동과 손의 작업은 당연히 그의 것이라고 말할 수 있다. 그렇다면 그가 자연이 제공하고 그 안에 놓아 둔 것을 그 상태에서 꺼내어 거기에 자신의 노동을 섞고 무언가 그 자신의 것을 보태면, 그럼으로써 그것은 그의 소유가 된다. 그것은 그에 의해서 자연이 놓아둔 공유의 상태에서 벗어나, 그의 노동이 부가한 무언가를 가지게 되며, 그 부가된 것으로 인해 그것에 대한 타인의 공통된 권리가 배제된다. [중략]

이러한 견해에 대해서는 아마도 다음과 같은 반론이 제기될 법하다. 만약 대지의 도토리나 다른 과실 등을 주워 모으는 것이 그것들에 대한 권리를 준다면, 누구든지 그가 원하는 만큼 많은 양을 독점하게 될 것이라는 반론이 그것이다. 이에 대해서 나는 그렇지 않다고 답변하겠다. 우리에게 이런 수단을 통해서 소유권을 부여하는 동일한 자연법이 또한 그 소유권을 제한하기 때문이다. '하나님은 우리에게 모든 것을 풍성히 주셔서 즐기게 해주시는 분이십니다.'('디모테오에게 보낸 첫째 편지', 6:17)라는 구절은 영감에 의해 확인된 이성의 목소리이다. 그러나 하느님은 우리에게 얼마나 주셨는가? 즐길 수 있는 만큼. 어느 누구든지 그것이 썩기 전에 삶에 이득이 되도록 사용할 수 있는 만큼 주셨다. 곧 그가 자신의 노동에 의해 자신의 소유로 확정할 수 있는 만큼 주셨던 것이다. 그것보다 많은 것은 그의 몫을 넘어서며, 다른 사람의 몫에 속한다. 하느님은 그 어떤 것도 인간이 썩히거나 파괴해버리도록 만들지는 않았다. [중략]

　이런 식으로 토지를 개량함으로써 그 일부를 수취하는 것은 그 밖의 다른 사람에게 아무런 피해가 되지 않는다. 왜냐하면 여전히 많은 토지가 남아 있고, 아직 토지를 가지지 못한 자가 사용할 수 있는 것보다 더 많은 토지가 남아 있기 때문이다. 그리하여 결과적으로 어떤 사람이 울타리를 치는 행위로 인해 다른 사람에게 토지가 적게 남아 있는 일이란 있을 수 없다. 왜냐하면 다른 사람이 사용할 수 있을 만큼 많이 남겨놓은 사람은 전혀 아무 것도 취하지 않은 것이나 마찬가지이기 때문이다. 어떤 사람도 다른 사람이 물을 잔뜩 퍼마셨다고 해서 피해를 입는다고 생각할 수 없다. 왜냐하면 그에게는 갈증을 충분히 만족시킬 수 있는 전과 다름없는 강물이 남아 있기 때문이다. 따라서 토지든 물이든 둘 다 충분히 남아 있는 경우라면 사정은 전적으로 동일하다.(존 로크, 『통치론』6장)

(나)

정보의 특성에 대하여 다음과 같이 서술할 수 있다.

① 정보는 남에게 전하거나 판매를 해도 없어지거나 줄어들지 않고 그대로 남는다.

② 정보는 대량생산이 필요하지 않다. 하나의 정보로써 모든 수요를 충족시킬 수 있다.

③ 정보를 다른 정보와 합치거나 그 일부를 빼거나, 형태를 바꿈으로써 얼마든지 새로운 정보로 바꿀 수 있다.

(고등학교 『도덕』)

(다)

　'카피라이트(copyright)'는 지적 재산권이라는 뜻이다. 카피라이트 제도 하에서는 저작자, 작곡가, 기타 창작자의 동의 없이는 창작물을 복제하거나 방송할 수 없게 된다. 이 제도는 창작자의 경제적 이득을 보장해줌으로써 창조 의욕을 높이고, 그에 따라 생산되는 정보의 수준을 높이는 데 기여할 수 있다. 하지만 한편으로는 창작자에게 배타적 독점적 권리를 부여함으로써 부작용을 초래한다는 비판도 있다.

　'카피레프트(copyleft)'란 '카피라이트'와는 정반대의 개념으로서, 저작물에 대한 권리를 모든 사람이 공유할 수 있도록 하자는 주장을 말한다. 1984년 미국 MIT 대학의 컴퓨터학자 리처드 스톨먼이 소프트웨어의 상업화에 반대해 프로그램을 자유롭게 사용하자는 운동을 펼치면서 시작되었다. 스톨먼은 인류의 지적 자산인 지식과 정보는 소수에게 독점되어서는 안 되며, 모두가 자유롭게 사용할 수 있어야 하기 때문에 저작권으로 설정된 정보

논제 1

(가)를 읽고, 자연 상태에서 소유권은 어떻게 성립하며, 소유의 한계는 무엇인지, 그리고 사유화에는 어떤 제한이 있는지에 관한 저자의 생각을 기술하시오.

논제 2

(나)에 언급된 정보의 특성들로 인해 (가)에 제시된 재산권 정당화 논의의 조건(들) 가운데 무의미해지는 조건(들)이 있다. 그 조건(들)을 들고 그 이유를 설명하시오.

논제 3

(가)와 (나)를 토대로, (다)의 카피라이트와 카피레프트에 대한 자신의 입장을 밝히고 그 입장을 정당화하시오.

02 [논제] 사례 ⟨A⟩, ⟨B⟩, ⟨C⟩는 현실 사회에서 문제가 되는 경쟁의 양상을 비유적으로 보여준다. 이 세 가지 경쟁의 성격을 설명하고, 이를 바탕으로 경쟁의 공정성과 경쟁 결과의 정당성에 대해서 논술하시오. (제시문 ⟨1⟩ ~ ⟨7⟩을 참고할 것)

서울대 대입 논술고사 문제

【사례 A】

고슴도치와 토끼가 맛있는 음식을 걸고 달리기 시합을 하였다. 고슴도치는 꾀를 써서 몰래 자신과 닮은 아내를 경주의 결승점에 먼저 보냈다. 토끼가 도착하자 고슴도치 아내가 '나는 벌써 와 있다.' 하고 말하였다. 결국 고슴도치가 음식을 차지하였다.

【사례 B】

초등학교 축구 팀과 아마추어 성인 축구 팀이 축구경기를 하게 되었다. 심판은 새로운 규칙을 정하여, 초등학생 팀은 11명, 성인 팀은 6명으로 하며, 성인 팀 선수는 상대에게 태클을 할 수 없도록 하였다. 심판은 규칙의 준수 여부를 엄격히 감시하였다.

【사례 C】

새끼고양이 가운데 한 마리가 유난히 작고 허약해서 어미젖을 먹을 때도 다른 형제들에게 밀려 생존이 어렵게 보였다. 주인이 그 고양이에게 먹이를 먼저 주는 등 특별히 돌보고 사랑하여 그 고양이도 다른 고양이들과 마찬가지로 잘 성장할 수 있었다.

【제시문 1】

어떤 마을에 누구나 가축을 방목할 수 있도록 개방되어 있는 공동의 땅이 있었다. 이 마을 주민들은 각자 자신의 땅을 갖고 있지만, 이 공동의 땅에 자신의 가축을 가능한 한 많이 풀어 놓으려 한다. 자신의 특별한 비용 부담 없이 넓은 목초지에서 신선한 풀을 마음껏 먹일 수 있기 때문이다. 각 농가에서는 공유지의 신선한 풀이 자신과 다른 농가의 모든 가축들을 기르기에 충분한가 걱정하기보다는 공유지에 방목하는 자신의 가축 수를 늘리는 일에만 골몰하였다. 주민들의 이러한 행동으로 인하여 공유지는 가축들로 붐비게 되었고, 그 결과 이 마을의 공유지는 가축들이 먹을 만한 풀이 하나도 없는 황량한 땅으로 변하고 말았다. (개릿 하딘, 「공유의 비극」)

【제시문 2】

인간이 아무리 이기적이라고 할지라도 인간의 본성에는 분명 연민(憐憫)과 동정(同情)의 원리가 존재한다. 이 원리들로 인해 우리는 인간의 운명에 관심을 가지게 되며 자기에게는 별 이익이 없어도 타인이 행복하기를 바란다. 타인의 비참함을 목격할 때 우리는 이러한 연민과 동정을 느낀다. 도덕적이거나 인간미가 풍부한 사람은 물론이고, 무도한 폭한(暴漢)이나 사회의 법률을 극렬하게 위반하는 사람도 이러한 감정을 가지고 있다. (아담 스미스, 『도덕감정론』)

【제시문 3】

자본주의의 현실에서 중요한 것은 전통적 형태의 경쟁이 아니라 신상품 · 신기술 · 신공급원 · 신조직형태 등과 관련한 경쟁이다. 이 경쟁은 비용 또는 품질에서 결정적 우위를 차지하게 하는 결과를 초래하며, 기업의 이윤이나 생산량의 다과(多寡)를 좌우하는 정도에 그치지 않고 기업의 토대 및 그 생존 자체까지도 좌우한다. 이런 종류의 경쟁은 다른 경쟁보다 훨씬 더 중요하다.

어떤 사업자가 자기 분야에서 독점적 지위를 가지고 있는 경우에, 외부에서는 경쟁압력이 없을 것이라고 생각하겠지만 그는 늘 경쟁 상태에 있다고 느낀다. 예외가 없는 것은 아니지만, 그는 결국 완전경쟁 상태와 마찬가지로 행동하게 될 것이다. 따라서 경쟁이 독점보다 언제나 바람직하다는 명제는 성립하지 않는다. 이러한 관점에서 자본주의 사회에서 성공적인 혁신자가 차지하는 독점이윤은 정당하다고 할 수 있다. (요제프 A. 슘페터, 『자본주의ㆍ사회주의ㆍ민주주의』)

【제시문 4】

오늘날 일반적으로 사회적 또는 분배적 정의라고 간주되는 것은 인위적인 질서에서만 의미를 가질 뿐이지 자생적인 질서 속에서는 전혀 의미가 없다.

자유의 제한은 특정한 목적을 달성하기 위한 것이지만, 그것 때문에 잃게 되는 것은 일반적으로 인식되지 않는다. 시장 질서에 대한 간섭의 직접적인 효과는 대부분 가시적이며 피부로 느낄 수 있으나, 간접적으로 나타나는 부정적인 효과는 대부분 알기 어렵기 때문에 무시되기 쉽다.

따라서 자유와 간섭 사이의 선택이 그때그때의 편의에 맡겨진다면, 이는 분명히 자유의 점진적인 파괴를 초래하게 될 것이다. 자유를 제한하여 야기되는 손실을 인식하지 못한다는 이유로 자유를 제한하는 것이 정당화될 수는 없다. (프리드리히 A. 하이에크, 『법, 입법, 그리고 자유』)

　사상 체계의 제1 덕목을 진리라고 한다면 정의(正義)는 사회 제도의 제1 덕목이다. 이론이 아무리 정치(精緻)하고 간명하다 할지라도 그것이 진리가 아니라면 배척되거나 수정되어야 하듯이, 법이나 제도가 아무리 효율적이고 정연한 것일지라도 그것이 정당하지 못하면 개혁되거나 폐기되어야 한다. 모든 사람은 사회 전체의 복지라는 명목으로도 유린될 수 없는 정의에 입각한 불가침성을 가진다. 그러므로 정의(正義)에 따르면 타인들이 가지게 될 더 큰 선(善)을 위하여 소수의 자유를 빼앗는 것이 정당화될 수 없다. 다수가 누릴 더 큰 이득을 위해서 소수에게 희생을 강요하는 것은 정의에 부합하지 않는다. 그러므로 정의로운 사회에서는 동등한 시민적 자유란 이미 보장된 것으로 간주되며, 따라서 정의에 의해 보장된 권리들은 어떠한 정치적 거래나 사회적 이득의 계산에도 좌우되지 않는다. 그보다 나은 이론이 없을 경우에만 결함 있는 이론이나마 따르게 되듯이 부정의(不正義)는 그보다 큰 부정의를 피하기 위해 필요한 경우에만 참을 수 있다. 인간 생활의 제1 덕목으로서 진리와 정의는 지극히 준엄한 것이다. (존 롤즈, 『사회정의론』)

【제시문 6】

　경제가 시장기능에만 의존하면 시장이 붕괴될 수 있기 때문에 국가는 경쟁정책을 수립할 필요가 있다. 기업은 경쟁질서에 반하여 행동할 때 경쟁질서를 준수할 때보다 더 큰 이윤을 얻을 수 있다고 생각하기 때문에, 경쟁질서에 반하는 행위를 하고자 하는 충동을 가지게 된다. 안정을 얻고자 하는 욕구와 권력에의 의지(意志)가 각 개인들에게 경쟁의 자유로운 흐름을 조작하고자 하는 동기를 부여한다. 한번 형성된 경제권력은 시장 자체의 힘에 의해서 자연스럽게 붕괴되기 어렵다. 그런데 강력한 경제권력은 경쟁관계를 마비시키고, 권력구조의 고착화로 인하여 경제적 비효율을 초래하며, 경제의 흐름을 왜곡하여 우수한 시장참여자에게 손해를 끼친다. 그러므로 국가는 경쟁이 그릇된 방향으로 흘러가지 않도록 경쟁을 보호할 임무가 있다. 국가는 경쟁의 원칙을 세우고 이를 관철시켜야 하며, 기업은 이러한 틀 안에서 경쟁을 통하여 제 기능을 발휘할 수 있어야 한다. (오토 슐레히트, 『사회적 시장경제』)

【제시문 7】

'경쟁'이라는 말은 어원적으로 '함께 추구한다'는 뜻을 내포한다. 경쟁의 논리가 기술의 진보와 생산성 향상에 크게 기여했음은 부인할 수 없다. 인간의 욕구 수준을 계속 높여감으로써 새로운 진보와 창조를 가능케 한 것이다. 정치적인 측면에서도 경쟁 심리는 민주주의 발전의 핵심적인 동인(動因)이었다. 정치적 의지를 관철시키려는 이익집단 또는 정당 간의 치열한 경쟁을 통해 민주주의가 뿌리내릴 수 있었다. 그러나 오늘날 경쟁은 어원적 의미와는 달리 변질되어 통용된다. 경쟁은 더 이상 목적을 달성하기 위한 수단들 가운데 하나가 아니다. 경쟁은 그 자체가 하나의 범세계적인 지배 이데올로기로 자리 잡았다.

경쟁 논리가 지배하는 사회에서는 승리자와 패배자가 확연히 구분된다. 물론 아무렇게나 경쟁하는 것은 아니다. '게임의 법칙'이 공정했을 때 패자도 승부의 결과를 받아들이게 된다. 그렇지만 경쟁 사회에서는 '협상'을 통해 갈등을 해소하거나 타협점을 찾을 여지가 없다. 경쟁에서 상대방을 이기면 된다는 간단한 논리만이 존재할 뿐이다. 경제적인 측면에서 살펴보면, 경쟁이란 곧 상대의 이익을 빼앗는 과정이다. (리스본 그룹, 『경쟁의 한계』)

03 [문제] 다음 제시문을 읽고 아래 논점들에 대한 자기 견해를 밝히면서, "도덕성을 갖춘 이성적 인간은 어떻게 형성되는가?"를 논술하라.

– 도덕성을 갖춘 이성적 인간이란 어떠한 인간인가?
– 아이들에게 도덕 교육은 불가능한가?

〈제시문〉

이성(理性)을 갖추는 시기에 도달할 때까지는 도덕적 존재라든가 사회적 관계에 대한 관념을 가지는 것은 불가능하다. 그러므로 되도록 그런 관념을 나타내는 말은 아이들 앞에서 사용하지 말아야 한다. 아이가 처음에 그런 말에 대하여 잘못된 관념을 가지게 되면, 성인이 되어서도 바로잡기 힘들기 때문이다. 아이의 머리 속에 새겨진 최초의 잘못된 관념은 오류와 악덕의 씨가 된다. 따라서 첫발을 특히 주의하여 내딛지 않으면 안 된다. 아이가 감각적인 사물에 의해서만 자극을 받는 동안에는 아이의 모든 관념이 감각에 머무르도록 하는 것이 좋다. 아이가 주위 어디를 보아도 감각적인 세계만을 볼 수 있게 해 주는 것이 좋다. 그렇게 하지 않으면 아이는 당신 말에 전혀 귀를 기울이지 않게 되든지, 또는 당신이 말하는 도덕적인 세계에 대해 평생 지울 수 없는 환상적인 관념에 사로잡히고 말 것이다.

'아이와 함께 토론하라.' – 어떤 철학자가 제시한 중요한 준칙이다. 이 말은 오늘날 대단히 유행하고 있다. 그러나 이 준칙을 지킨 결과는 그리 바람직한 것이 아니다. 나는 어른과 토론을 해 온 아이처럼 어리석은 존재는 없을 것이라 생각한다. 인간의 모든 능력 중에서 이른바 다른 모든 능력들을 종합한 능력인 이성은, 가장 까다로운 길을 통해, 그리고 가장 늦게 발달한다. 그럼에도 불구하고 사람들은 그것을 사용하여 다른 능력을 발달시키려

하고 있다. 훌륭한 교육이란 이성적인 인간을 만드는 것이다. 그런데도 사람들은 이성에 의해 아이를 교육하려 한다. 그것은 교육을 맨 마지막 단계에서부터 시작하는 것이다. 즉, 목표를 수단으로 삼으려는 것이다. 아이가 이치를 분별한다면 그들을 교육시킬 필요가 없다. 그런데 사람들은 아주 어릴 때부터 조금도 알아듣지 못하는 말을 아이에게 함으로써 그들에게 말만으로 만족하는 습관을 들여 주고, 또 아이들이 다른 사람이 말하는 것을 일일이 따져서 자신이 마치 선생과 똑같이 지혜로운 인간인 양 착각하게 하여 논쟁을 좋아하는 반항아가 되도록 가르치고 있다. 그리고 어른이 합리적인 동기에 의해 무엇인가를 아이에게 요구한다는 것에는 반드시 탐욕이나 불안, 허영심 따위가 결부되어 있다.

　사람들이 아이에 대하여 행하는, 혹은 행할 수 있는 도덕 교육의 교훈은 대부분 다음과 같은 식으로 요약할 수 있다.

선생 : 그런 짓을 해서는 안 된다.

아이 : 왜 안 되죠?

선생 : 그것은 나쁜 짓이기 때문이다.

아이 : 나쁜 짓? 어떤 것이 나쁜 거죠?

선생 : 금지되어 있는 일을 말한다.

아이 : 금지되어 있는 일을 하면 어째서 나쁜가요?

선생 : 너는 말을 듣지 않았기 때문에 벌을 받게 된다.

아이 : 그럼, 남들이 모르게 하면 되지요.

선생 : 누군가가 네가 하는 일을 지켜보고 있을 것이다.

아이 : 숨어서 하겠어요.

선생 : 네게 무엇을 했느냐고 물을 것이다.

아이 : 거짓말을 하면 되죠.

선생 : 거짓말을 해서는 안 된다.

아이 : 왜 거짓말을 하면 안 되나요?

선생 : 그것은 나쁜 짓이기 때문이다.

……

이것은 피하기 어려운 순환이다. 여기서 더 벗어나면, 아이는 당신들이 하는 말을 알아듣지 못한다. 이것은 참으로 유익한 교훈이다. 사람들은 이 대화를 어떤 것으로 대치할 수 있는지 알고 싶다. 선과 악을 아는 것이나 인간은 왜 여러 가지 의무를 지켜야 하는지 등의 문제는 아이들이 이해할 영역이 아니다.

자연은 아이가 어른이 될 때까지 아이로 있기를 원한다. 이 순서를 어지럽혀 놓으면, 익지도 않고 맛도 없는 그리고 곧 썩어버리는 과일을 만드는 꼴이 된다. 우리는 어린 박사와 늙은 아이를 키우고 있는 셈이다. 아이에게는 아이 특유의 사물을 보는 법, 생각하는 법, 느끼는 법이 있다. 그런데 그들의 방법 대신 어른들이 보는 법, 생각하는 법, 느끼는 법을 가르쳐 주려고 하는 것처럼 분별 없는 짓은 없다. 따라서 열 살 된 아이에게 판단력을 요구하는 것은, 아이에게 6척의 키를 요구하는 것과 같다. 사실 그 정도의 나이에 이성이 무슨 도움이 되겠는가.- (장 자크 루소의 〈에밀〉 2부)

(가)

『주역』의 화택규(火澤) 괘는 태하리상(兌下離上)의 괘다. 상리괘(上離卦 ≡)는 불(火)이고 하태괘(下兌卦 ≡)는 연못(澤)이다. […] 규는 노려볼 규. 등지다, 배반하다의 뜻. 곧 서로의 의견이 어긋나서 반목하다, 노려본다는 의미다. […] 불은 위로 타오르고 물은 밑으로 흘러가니 이것은 서로의 의사가 합쳐지지 않고 반목해서 서로 배반하는 상태다. […] 규괘를 한 개인으로 보고 해석하면 곧 그 마음이 순일(純一)하지 못해서 사욕과 도리(道理)가 갈등하므로 생각이 통일되지 못해 바른 길을 못 찾는 상태다. 이래서는 원만한 인격을 이루기 어렵다. 집단이나 한 국가로 보고 해석해도 내용은 같다. […] 군자는 이 상(象)을 법도로 삼아, 귀결되는 바는 설사 같다 할지라도 그 하는 일은 다르다는 것을 잘 알고 선처해야 한다. […] 사람이 행복을 구하는 뜻은 비록 같다 해도 그 행위는 모두 다르다. '같으면서 다름'(同而異)은 이런 의미다. […] 이 우주와 인생에는 시간과 공간, 환경의 변화 때문에 동일한 것이라곤 존재할 수 없다. '하늘이 인간에게 부여한' 인성(人性)도 비록 근원은 동일할지라도 말단에 이르러서는 서로 어긋남이 생기는 것이 사실이다. 규괘는 이런 도리를 보여주고 있다. 그 어긋남을 인식하면서 화협(和協)의 도리를 찾아야 한다. […] 규의 상태는 고금왕래(古今往來)에, 인류사회에 면면히 계속되고 있다. '단전'에는 […] '다르면서 같음'(異而同)의 도리를 말했으며 '대상전'에는 '같으면서 다름'(同而異)을 말했으니, 이 도리를 터득하면 인간만사에 통용되어 큰 허물을 범하지는 않으리라고 생각한다. 그러므로 성인이

"어긋남(?)의 때의 쓰임이 위대하다"라 했다. [⋯]

'계사전'에서는 '나무를 굽혀 활을 만들고 나무를 깎아 화살을 만들어서 활과 화살을 이용함으로써 천하를 위협하니, 아마 이것은 규괘에서 취함이니라'고 언급하였다.

—남동원, 「주역 해의」

(나)

태초에 하나님이 인간을 창조하실 때

축복의 단지를 곁에 두시고, 말씀하시길,

'줄 수 있는 모든 것을 그에게 주겠노라,

이 세상 여기저기 흩어진 부를

이 한 줌에 다 모으리라.'

그래서 먼저 힘이 길을 뚫자, 이어서 아름다움,

다음엔 지혜, 명예, 쾌락이 흘러 들어갔다.

거의 동이 날 무렵, 하나님은 잠시 멈추셨다.

모든 보물 중에 혼자만 남아,

안식이 맨 바닥에 있음을 보시고.

그리고 말씀하시기를, '만약 내가

이 보석조차 인간에게 부여한다면,

나보다도 내 선물들을 더 숭배할 것이니,

자연을 지은 하나님 대신, 자연에서 안식할 것이요,

결국 우리 둘 다 패배자가 되리라.'

'그러므로 다른 축복은 누리나,

늘 목마른 불안에 젖게 하리라.

인간은 풍요롭되 피로에 시달리게 하라. 그리하여 적어도,

선(善)이 그를 인도치 못하면, 피로함이 그를

내 품에 던질 수 있도록.'

—조지 허버트, '도르래'

(다)

우리는 어린아이들에게 나타나는 불안의 현상 가운데 몇 가지만을 알고 있으므로 우리의 관심을 그런 현상들에 국한시켜야 한다. 예를 들자면 그런 현상들은 아이가 혼자 있거나 어두운 곳에 있거나 또는 어머니처럼 아이가 잘 알고 있는 사람 대신 알지 못하는 사람과 함께 있을 때 나타난다. 이 세 가지 예들은 단 한 가지의 조건, 즉 아이가 좋아하고 갈망하는 누군가가 없다는 느낌에 사로잡히는 경우로 축약할 수 있다. […] 좀 더 깊이 생각해 보면, 대상상실의 문제 외에도 더 고찰할 것이 있다. 어린아이가 어머니의 존재를 확인하고 싶어 하는 이유는 단지 어머니가 자기의 모든 욕구를 지체 없이 만족시켜 준다는 사실을 경험으로 알고 있기 때문이다. 그러므로 아이가 위험으로 느끼고 보호받고 싶어 하는 상황은 욕구로 인해 긴장이 증가하고 있지만 스스로는 아무 해결도 할 수 없는 만족스럽지 못한 상황이다. […]

자극이 심리적으로 해소되지 못한 채 불쾌감을 유발하는 만족스럽지 못한 상황이 아이들에게는 필경 태어날 때의 경험과 유사할 것이고, 따라서 위험

상황의 되풀이로 받아들여질 것이다. [⋯] 해소되어야 할 자극이 축적되는 것, 이것이 위험의 진정한 본질이다. 이로부터 불안의 반응이 나타난다. 불안은, 출생 시 이 반응이 체내의 자극을 해소하기 위해 폐를 활성화시켰던 것과 마찬가지로, 어린아이 또한 축적된 자극을 호흡기관과 발성기관으로 돌려 엄마를 부르게 되는 과정을 유도한다.

—지그문트 프로이트, 『억압, 증후 그리고 불안』

(라)

위대한 발견은 생각들이 서로 부딪히고 경계가 허물어지면서 생겨난다. 플람스테이드와 핼리의 실용적인 천문학 해석은 뉴턴으로 하여금 혜성의 움직임을 이론적으로 설명해내게 했고, 그 후 하늘에 있는 모든 물체들 상호간에 작용하는 만유인력 법칙을 주장하게 하였다. 혹성과 혜성들의 궤도가 공히 타원형인 이유는 이 법칙 때문이라는 것을 밝힌 것이다. 그러나 뉴턴의 이 '중력론'은 주어진 데이터에 대한 전적으로 순수과학적인 논증은 아니었다. 사뭇 신비롭게 들리는 이 '보이지 않는 인력' 개념은 유럽 전역이 유달리 불안정했던 때인 17세기 후반에 당혹스러울 정도로 자주 나타났던 혜성에 대해 우주적 신비 등을 내세워 설명하려던 미신장이들의 영향도 적지 않게 받았다.

『자연철학의 수학적 원리』의 초판에서 뉴턴은 우주의 조화와 균형이 곧 깨어질 수도 있다고 암시한 바 있다. 그 예로 최근 하늘에 나타난 일련의 놀라운 현상들, 즉 혜성의 잦은 출현을 들었다. 그리고 핼리는 1697년에 영국 왕립학회에 발표한 논문에서, '지구에 혜성과 같은 크기의 물체가 충돌할 때'의 효과를 '다시 태초의 카오스 상태로 지구가 환원될 수도 있는' 규모라고 설명했다. 특히 1680~81년 혜성은 두 사람 모두에게 중요한 사건이었다. 뉴턴도 여든 살이 넘었을 때 조카 존 컨듀잇에게 1680년에 태양을 스치듯 비껴간 혜성에 의해 지구가 거의 멸망할 뻔했다고 말했다. 그 혜성이 중력에 의해 태양으로 끌려들어갔더라면 그 결과 지구는 엄청난 화염으로 멸망했으리라는 것이다. 핼리도 같은 생각이었다. [⋯]

　핼리와 뉴턴은 둘 다 1680년에 왔던 혜성이 다시 나타나는 미래의 어느 시점에 결국 '그 혜성의 여파'로 지구가 종말을 맞이할 것이라고 믿었다(핼리의 계산에 의하면 그 혜성이 궤도를 한 바퀴 도는 기간은 575년이었다). 컨듀잇은 뉴턴과의 대화를 다음과 같이 기록한다.

　'언제 이 혜성이 태양으로 떨어질 지 알 수는 없네. 어쩌면 그 혜성이 대여섯 바퀴는 더 돌고 난 후일 수도 있지. 그게 언제이건, 혜성이 떨어진다면 태양의 열은 치솟아 지구는 다 타버리고, 생명체란 하나도 살아남지 못할 것이네.'

—리자 자딘, 『기발한 탐구: 과학혁명의 구축과정』

05 다음 세 제시문은 현대문명이 빚어내는 부정적 현상을 설명하고 있다. 이러한 현상들이 발생하는 원인을 분석하고, 그 문제들을 해결할 수 있는 방안을 논술하시오.

연세대 대입 논술고사 문제

(가)

몇 년 전, 패스트푸드 체인 맥도날드는 '우리는 당신을 위해 모든 일을 해 드립니다' 라는 슬로건을 들고 나왔다. 하지만 실제로 맥도날드에서는 우리가 그들을 위해 모든 일을 한다. 줄을 서서 기다리다가, 음식이 나오면 식탁으로 가져가고, 식사가 끝나면 쓰레기를 휴지통에 버리고, 빈 식판을 제자리에 쌓아 놓는다. 노동비용이 올라가고 기술이 발전할수록 소비자는 종종 더 많은 일을 한다.

샐러드바는 소비자를 부려먹는 전형적인 사례이다. 고객은 빈 접시를 산 다음, 샐러드바 주위를 천천히 돌면서 그날 제공되는 여러 야채와 음식을 접시에 담는다. 이것의 장점을 재빨리 간파한 슈퍼마켓들은 매장 내에 소비자들이 이용할 수 있는 다양한 음식들을 세심하게 진열한 샐러드바를 설치했다. 이제 샐러드 애호가들은 샐러드 요리사가 되어 점심 시간에는 패스트푸드점에서 일하고 저녁 시간에는 슈퍼마켓에서 일한다. 이러한 모든 것은 패스트푸드점과 슈퍼마켓의 입장에서는 아주 효율적인데, 여러 진열칸에 음식이 떨어지지 않도록 신경쓰는 종업원 한둘만 있으면 되기 때문이다.

많은 패스트푸드점에서는 소비자들이 버거빵을 가지고 차림대에 가서 양상추, 토마토, 양파 따위를 넣도록 되어 있다. 이러한 경우, 소비자들은 통상 일주일에 몇 분 동안은 샌드위치를 만드는 사람으로 일하게 되는 셈이다. 최근 버거킹을 비롯한 몇몇 프랜차이즈에서는 고객들로 하여금 빈 컵을 들고 손수 얼음과 음료수를 채우게 하는 혁신적 방식을 도입하였다. 이로써 고객들은 잠시 '음료수 판매원'으로도 일하는 것이다. 일부 초현대식 패스트푸드점에서는 고객이 컴퓨터 화면에 주문 내용을 입력해야 한다. 이렇듯 패스트푸드점은 고객들을 부려먹음으로써 효율성을 제고해 왔다.

– (조지 리처의 〈맥도날드 그리고 맥도날드화〉)

(나)

　만화영화는 합리주의에 대항하는 상상력의 대변자 역할을 한 적이 있었다. 만화영화에서는 기술적으로 동물이나 사물을 변형시키고, 거기에 나름의 가치나 역할을 부여함으로써 제2의 생명을 탄생시키는 것을 당연하게 여겨 왔다. 그러나 오늘날의 만화영화는 다만 '진리에 대한 기술적 이성의 승리'를 확인시켜 주고 있을 따름이다. 몇 년 전까지만 해도 만화영화는 마지막 순간에 가서야 뒤엉킨 줄거리가 풀리게 되는 일관된 플롯을 가지고 있었다. 그런 점에서 옛날의 광대극과 흡사했다. 그러나 이제 시간의 연관 구조는 달라졌다. 첫 장면부터 모티프가 주어지고, 그것은 이야기가 진행되는 동안 내내 파괴적 장면의 근거로 작용한다. 따라서 주인공은 그 이야기를 좇아가는 관객과 함께 무자비한 폭력의 제물이 된다. 즐거움을 위해 폭력 장면을 늘린 결과 작품 전체는 잔혹극으로 전환되는 것이다. 영화산업이 스스로 선정한 검열관들(이들과 영화산업은 친근한 관계를 유지하고 있다)은 사냥놀이처럼 장황하고 적나라하게 전개되는 범죄 장면을 지켜보고만 있다. 포옹 장면을 볼 때 느꼈던 즐거움은 단순한 웃음거리로 대체되고, 진정한 민족은 대량학살의 순간까지 연기된다. 만화영화에 우리의 감각을 새로운 템포에 익숙하게 하는 것 이상의 역할이 있다면, 그것은 끊임없는 갈등을 희석시키고 모든 개인적 저항을 좌절시키는 것이 이 사회의 삶의 조건이라는 해묵은 교훈을 모든 사람들의 머리에 주입시키는 것이다. 만화영화 속의 도날드덕은 현실 속의 불행한 사람들처럼 채찍질 당하고, 그 결과 관객들은 자신에게 가해지는 처벌을 받아들이는 법을 배우게 된다.

영화 속의 주인공이 겪는 폭력에서 느끼는 재미는 관객에 대한 폭력으로 전환되며, 기분전환은 중노동이 된다. 관객들은 아무리 눈이 피로해도 전문가가 자극제로 고안해낸 것을 하나라도 놓쳐서는 안되며, 교묘한 속임수 장치들 앞에서 한 순간도 멍청한 모습을 보여서는 안 된다. 관객들은 장면들을 하나하나 따라가면서 영화가 보여주고 권장하는 그럴듯한 반응들을 재빨리 연출하기까지 해야 한다. 이런 점이 문화산업 스스로가 그토록 떠들며 자랑하는 긴장 이완의 기능을 제대로 수행하고 있는지 의문을 제기하게 한다. 라디오 방송국이나 영화관이 대부분 문을 닫는다고 하더라도 아마 소비자들은 별로 아쉬워하지 않을 것이다. 거리에서 영화관으로 걸어 들어가는 것은 더이상 꿈의 세계로 들어가는 것을 의미하지 않는다. 단순히 이러한 제도가 있다는 사실 자체가 그것의 이용을 의무화하지 않는 한, 그것을 굳이 이용해야 할 이유는 없다. 이렇게 문을 닫는 것이 반동적인 기계파괴운동은 아닐 것이다. 그렇게 되면, 실망하는 사람들은 열광자들보다는 모든 것으로부터 고통을 받기 마련인 우둔한 사람들일 것이다. 영화는 관객이 몰입하기를 바라지만, 관객인 가정주부는, 조용한 저녁 시간에 휴식을 취하며 창 밖을 내다보듯이, 몇 시간 동안이나마 아무에게도 방해받지 않는 도피처로 극장을 이용한다. 대도시의 실업자는 온도조절이 된 이 공간에서 여름에는 시원함, 겨울에는 따뜻함을 즐길 수 있다. 이런 기능을 제외한다면 잔뜩 비대해진 이 쾌락기구는 인간이 인간답게 사는 데 별로 보탬이 안 된다. 심미적 대량소비를 위해 이용 가능한 기술적 자원과 장치들을 '최대한 활용해야' 한다는 생각은 경제체제의 일부에 속한다. 그런데 그 경제체제는 기아추방을 위해 자원을 활용하려고 하지는 않는다.

— (호르크하이머와 아도르노의 〈계몽의 변증법〉)

(다)

우리 문화의 대부분은 개인생활과 사회생활의 모든 기본적 문제에 대해서, 그리고 심리적, 경제적, 정치적, 도덕적 문제들에 대해서 그 쟁점을 흐리게 연막치는 기능을 수행한다. 그 연막 중의 하나는 그러한 문제들이 너무나 복잡해서 평범한 개인은 파악할 수 없다는 주장이다. 이와 반대로 개인생활과 사회생활의 기본적 문제들은 대부분 너무나 단순하여 누구라도 쉽게 이해할 수 있다고 여겨지기도 한다. 그런데 그런 문제들은 대단히 복잡해서 오직 '전문가'만이, 그것도 그 자신의 제한된 영역에서만 이해할 수 있는 것처럼 제시된다. 이러한 현상은 실제로, 때로는 의도적으로, 사람들로 하여금 정말 중요한 문제들에 대해서 자기 자신이 스스로 생각할 수 있는 능력이 있다는 것을 불신하게 만드는 경향이 있다. 개인은 혼란스러운 자료더미 속에 무기력하게 갇혀서 무엇을 할 것인지 어디로 가야 하는지를 전문가들이 찾아줄 때까지 인내심을 갖고 애처롭게 기다릴 뿐이다.

〈중략〉

비판적 사고 능력을 마비시키는 또 다른 방식은 모든 형태의 체계적 세계상을 파괴하는 것이다. 개개의 사실은 그것이 구조화된 전체의 부분일 때 가질 수 있는 특수한 성질을 상실하고, 단순히 추상적이고 양적인 의미만을 갖는다. 각각의 사실은 단지 또 다른 사실일 따름이고, 오로지 얼마나 많이 알고 있는가만이 관심의 대상이 된다. 라디오, 영화, 신문 등은 이런 문제에 대해서 파괴적인 효과를 갖는다. 어떤 도시에 대한 폭격과 수백 명에 이르는 사람들이 죽었다는 발표에 이어 거리낌없이 비누와 술의 광고가 나온다. 많은 것을 시사해주는 매력적이고 신뢰감 있는 목소리로 중대한 정치적 상황에 대해서 우리에게 깊은 인상을 남긴 바로 그 아나운서가, 이번에는 그 뉴스방송을 위해 돈을 지불한 특정 회사의 비누 품질이 좋다는 것을 청취자들에게 선전한다. 뉴스 영화에서는 어뢰정(魚雷艇) 화면에 뒤이어 패션쇼 화면이 나타난다. 신문은 신인 여배우의 진부한 생각이나 아침식사 버릇을 과학계나 예술계의 중대 사건을 보도할 때와 똑같은 비중으로 진지하게 전달한다. 이로 인해 우리는 자신이 들은 것과 제대로 관계를 맺지 못한다. 그리하여 우리는 둔감해지고 우리의 감정과 비판적 판단은 방해를 받으며, 결국 세상에서 벌어지고 있는 일들에 대해 밋밋하고 무관심한 태도를 갖게 된다. '자유'라는 이름 아래 삶은 모든 구조를 상실한다. 삶은 무수한 단편(斷片)들로 이루어진 것인데, 각각의 단편들은 서로 분리되어 전체로서의 의미를 갖지 못한다. 퍼즐을 풀어야 하는 어린아이처럼 개인은 단편들 속에 외롭게 남아 있다. 그러나 둘의 차이는, 어린아이는 집이 무엇인지를 알고 있어서 자기가 가지고 놀고 있는 작은 조각들에서 집의 각 부분들을 찾아낼 수 있지만, 어른은 단편들을 손에 쥐고 있으면서도 그 '전체'의 의미를 알지 못한다는 데 있다. 그는 당혹스럽고 두려워서 자기 앞에 놓인 작고 무의미한 단편들을 바라보고만 있을 뿐이다.

— (에리히 프롬의 〈자유에서의 도피〉)

06 [논제] 다음 네 개의 제시문은 하나의 공통된 주제와 관련
된 글이다. 그 주제를 말하고, 제시문 간의 연관 관계를 설명하
시오. 그리고 그 주제에 관한 자신의 생각을 논술하시오.

고려대 대입 논술고사 문제

(1)

원장님, 그러나 이제 탈출이 끊어진 섬은 어떻게 되어가고 있습니까. 이 섬
은 이제 생명의 증거를 잃어버린 죽음의 섬으로 변해가고 있습니다.

원장님께서 섬 위에 이룩하시고자 하신 천국이 가까워오면 올수록 이 섬은
그 원장님의 단 하나의 명분에 일사불란하게 묶여버린 얼굴 없는 유령 집단
의 섬이 되어갈 뿐입니다. 하여 점점 더 다스리기가 쉬운, 그러나 개개인의
삶을 찾을 수 없는 생기 없는 유령들의 섬이 되어갈 뿐입니다. 그리고 아마
원하기만 하신다면 원장님께서는 끝끝내 이 섬을 그렇게 만들어놓으실 수도
있으실 것입니다. 왜냐하면 원장님께서 지금까지 늘 그래오셨듯이, 앞으로도
원장님께서 원하시는 바대로 섬사람들을 설득하고 조정해나가는 것은 그리
힘든 일이 아닐 터이기 때문입니다.

섬사람들을 원장님 뜻대로 설득하고 조정해나갈 수 있다는 말씀이 맘에 들
지 않으실지 모르겠습니다만, 아마 그 역시도 틀림없는 사실일 것입니다. 저
의 경험에 따른다면 어떤 형태의 울타리 속에 격리된 사회의 질서란, 그 사
회를 구성하고 있는 개개 성원의 의사에 의해서가 아니라 대개는 그 사회를
지배하고 대표하는 몇몇 상층부의 의사에 따라 좌우되게 마련이며, 이 섬에
관한 한 모든 원장들의 시대가 그것을 똑똑히 증명해주고 있습니다. 원장님
도 대개 거기서 예외일 수가 없습니다. 그야 원장님께서는 다른 어느 분보다
도 섬 살림을 이끌어오시는 데 많은 사람들의 의견을 물어오셨고, 대부분의

경우 원장님은 그 사람들의 의견에 승복하고 따라가는 형식을 취하고 계시기는 했습니다. 원장님은 먼저 장로회를 만들어 무슨 일에서나 그 장로회의 자문과 동의를 주문하시곤 했습니다. 하지만 그것은 아무래도 형식적인 절차 이상의 뜻을 지닐 수 없는 일이었습니다. 장로회에선 스스로 일을 발의한 일이 없으며, 언제나 원장님의 뜻에 따라 원장님의 계획들을 원의로 확정시켜주는 절차로 봉사하면서, 원장님의 명분을 마련해드릴 수 있었을 뿐입니다. 아니 전 지금 그렇다고 그 장로회 사람들을 나무람하려는 것은 아닙니다. 지금까지 이 섬에서 겪어온 그 사람들의 경험이나 높다란 울타리로 만족스러울 만큼 격리가 잘 이루어지고 있는 이 섬의 형편은 비록 장로회 사람들이라 하더라도 그 밖엔 다른 도리가 없었을 것입니다.

전 사실 원장님 부임 직후부터 이 섬의 선의의 지배자로서의 원장님과 그에 대한 피치자로서의 원생들과의 사이에 어느 정도까지 협의적인 지배 질서가 가능할 것인지에 대해 지극히 깊은 관심을 가져왔습니다. 하지만 전 마침내 원장님에게서마저도 저의 그런 기대가 얼마나 부질없는 환상이었는가를 확인할 수 있었을 뿐이었습니다. 도대체 어떤 절대 상황 안에 격리된 인간 집단 안에서는 그 지배자와 피지배자 사이의 협의 관계에 의한 지배 질서란 궁극적으로 그 상황의 벽을 무너뜨리는 순교자적 용기와 희생 없이는 가능할 수가 없는 것이었습니다. 다스리는 자의 선의나 정의와는 상관없이 그리고 그의 지배권이 어디에서 연유했든 그것만은 끝끝내 절대 전제가 되어 있는 한, 다스림을 받는 쪽은 항상 감당해낼 수 없는 상황 자체의 압력 때문에 스스로가 무력해져버리기 때문입니다. 그리고 그런 불행한 사회의 질서란 우리가 흔히 믿고 있듯이 다중의 희망이나 기도 같은 것과는 일단 상관이 없이, 우선은 그 지배자 한 사람의 책임과 각성에 의해 좌우될 수밖에 없다는 것이 저의 슬픈 결론입니다.

  (2)

  무릇 음양이 어울려 만물이 생겨나지만, 같은 것이 모여 있을 때에는 발전해 나갈 수 없습니다. 서로 다른 사물끼리 서로를 보충해 균형 있게 하는 것을 화(和)라고 합니다. 그렇게 하면 만물을 풍부하게 하고 커지게 할 수 있습니다. 만약 같은 것을 같은 것에 보탠다면 더 이상 지속되지 못하고 버려질 것입니다.

  그러므로 선왕(先王)은 토(土)를 금(金) · 목(木) · 수(水) · 화(火)와 섞어서 만물을 이루게 하였습니다. 다섯 가지 맛을 조화하여 입맛에 맞게 하고, 사지(四肢)를 튼튼히 하여 몸을 건강하게 하며, 여러 가지 음악 소리를 조절하여 귀를 밝게 하고, 눈 · 코 · 입 · 귀 등의 일곱 구멍을 바르게 하여 마음에 맞게 쓰이게 하며, 인체의 여덟 부위를 자기 기능을 다하게 하여 온전한 사람을 만들고, 아홉 가지 장기의 기능을 잘 발휘하여 순수한 품성을 세우며, 관리들의 열 가지 등급을 살펴서 각각의 직능과 업무를 이끌어내었습니다. 이에 천(千) 가지 관직의 품계를 만들어 만(萬) 가지 국가 경영의 방략(方略)을 갖추었으며, 억(億) 가지 국가 일을 잘 헤아려 조(兆) 가지 사물들을 제자리에 있도록 하였으며, 경(京) 가지 세입(稅入)을 거두어 해(垓) 가지 행정을 펼쳤던 것입니다.

  그러므로 왕은 천하의 넓은 땅을 경영하면서 수많은 세입들을 거두어들여 수많은 백성들을 먹여 살리며, 도의로 가르치고 등용하여 그 백성들이 한 집안처럼 화락하게 하였습니다. 이와 같아야 화(和)의 지극한 경지입니다.

아우구스티누스에게 수(數)는 매우 매혹적인 것이었다. 그는 「티마이오스」에 나타난 플라톤의 견해를 받아들여 수를 신의 천지창조의 근본 원리로 간주하였다. 모든 것은 수에 의존한다. 대상은 오로지 수의 속성을 통해서만 존재한다. 수는 존재와 아름다움 양자에 근본적인 것이다.

아우구스티누스는 이렇게 말했다. '가령 특정한 의도나 목적 없이 단지 즐거움을 위해 팔을 움직인다고 가정해 보라. 그것은 춤이 될 것이다. 춤의 무엇이 당신을 즐겁게 하는지를 물어 보라. 그러면 수가 이렇게 답할 것이다. '자, 나 여기 있소.' 신체 형태의 아름다움을 살펴보라. 그러면 당신은 모든 것이 수에 따라 자리 잡고 있다는 사실을 알게 될 것이다. 신체 동작의 아름다움을 살펴보라. 그러면 당신은 모든 것이 수에 따라 적절한 시간대에 놓여 있음을 알게 될 것이다.'

수는 질서의 근본 원리이며, 질서는 여러 부분들을 어떤 목적에 부합하게 하나의 통합된 복합체로 배열하는 것이다. 질서 있는 모든 것은 아름답다.

(4)

자유의 적들은 인간의 질서가 누군가에 의해 만들어지고 다른 사람들은 이에 복종해야 한다는 주장을 펼친다. 그러나 경제학자들은 개인 행위의 자발적 상호 조정이 시장을 통해서 효율적으로 이루어질 수 있다고 설명한다. 개인들 사이의 상호 조정 메커니즘에 대한 이해는 그들의 행동을 제한하는 일반 준칙을 수립하기 위해 필요한 가상 중요한 지식이나.

타인의 일정한 기여에 대한 기대에 기초해서 일관성 있는 행위 계획을 실행할 수 있다는 사실은 사회질서가 있음을 확인해 준다. 사회생활에 일종의 질서, 일관성 및 지속성이 존재한다는 점은 분명하다. 만일 그것이 없다면 우리 중 어느 누구도 자기 업무를 수행할 수 없고 가장 기본적인 욕구조차 충족시키지 못할 것이다. 본질적으로 사회적 질서가 있기에, 개인은 성공적인 예측에 의해 행동하고, 자신의 지식을 효율적으로 사용하며, 더 나아가 타인으로부터 기대할 수 있는 협력이 무엇인지에 대해 보다 더 정확하게 예측할 수 있다.

상황에 따라 조정이 이루어지는 분산적 질서는 중앙의 지침에 의해 확립될 수 없다. 그것은 개인들의 상호 작용과 개인들에게 영향을 미치는 상황에 대한 대응을 통해서만 나올 수 있다. 이것이 바로 폴라니가 '다중심적 질서'의 자생적 형성이라고 부른 것이다. 개인들이 자발적으로 상호 작용함으로써 인간들 사이에 질서가 확립될 때, 우리는 이를 자생적 질서 체계라 한다. 개인들의 노력에 의해 사회적 질서의 조정이 이루어지며, 이러한 자기 조정은 공적 토대 위에서 자유를 정당화한다. 이때 개인의 행동은 자유롭다고 할 수 있다. 그것은 우월하거나 공적인 권력의 명령에 의해 결정된 것이 아니기 때문이다.

물리적 대상을 체계화하는 방법에 친숙한 사람이라면 이러한 자생적 질서 형성을 이해하기 쉽지 않을 것이다. 하지만 물리적 질서의 형성도 많은 경우 개체들 간의 자생적 조정에 의존한다. 만일 우리가 각각의 분자나 원자들을 일일이 제자리에 놓아야 한다면 복잡한 유기 화합물을 만들 수 없었을 것이다. 우리는 일정한 조건 아래에서 개별 요소들이 스스로 배열되어 특정한 속성을 지닌 구조를 이루는 것을 관찰할 수 있다.

고려대 대입 논술고사 문제

(가)

제도는 인간의 생식과 보호, 생계 유지와 같은 중요한 문제를 다루는 형식이다. 그것은 인간 상호간에 규칙적이고 지속적인 협력을 요구하며, 다른 한편 안정된 권력이 된다. 제도는 본래 불안정한 존재인 인간들이 서로 견뎌내고 믿을 수 있도록 하기 위하여 찾아낸 형식이다. 제도 안에서 삶의 목적이 공동으로 추구되고 우리가 무엇을 하고, 하지 말아야 되는지를 결정할 수 있도록 도움을 받으며 내적 삶의 안정을 획득한다. 그리하여 제도는 우리가 항상 격렬하게 대립해야 하는 부담과 기본적인 문제에 대하여 결정해야 하는 부담에서 벗어나게 해준다.

제도는 개인이 태어나기 전부터 이미 존재하며, 개인은 그 제도 안에 편입되어 있다. 따라서 개인은 사실상 사유재산이나 결혼과 같은 제도를 개인적 차원을 넘어선 행동양식으로 체험한다. 제도는 그 구성원이 바뀌는 것에 관계없이 오래 전부터 지금까지 존속하고 있는 것으로 개인에게 의식되며, 개인은 그런 의식을 가지고 직업, 관청, 공장과 같은 제도 안으로 들어온다. 인간이 함께 살아가고 함께 일하는 형식들 안에서 지배가 형성되고 정신적인 교류가 이루어지는데, 이러한 형식들이 결국은 그 자체로 중요성을 지닌 제도가 되고, 이 제도가 개인에 대하여 권력을 획득하는 것이다. 그러므로 우리는 사회체제 내에서 개인이 차지하는 위치가 어디인지, 또 어떤 제도에 그 개인이 편입되어 있는지를 안다면 개인의 행동을 비교적 확실하게 예측할 수 있게 된다.

— (아놀드 겔렌, 〈인간학적 연구〉)

(나)

  아도르노 : 나는 이렇게 말하고 싶습니다. 인간을 지배하는 제도로부터 비
롯된 이 권력은 철학의 용어로 '타율적'이라고 불립니다. 제도는 인간과 맞
닥뜨려 있는 낯설고 위협적인 권력입니다. 당신은 불안정한 인간의 본성 때
문에 그와 같은 불행을 운명적인 것으로 받아들이는 것 같습니다. 그러나 우
리 인간들이 서로를 믿지 못하여 제도의 권력을 용납하게 된 것은 비판되어
야 합니다. 그리고 제도가 변경될 수 있는 것인지, 아니면 인간에게 엄청난
중압이 되어 개인을 말살하는 위협적인 것이 되고 마침내는 인간의 자유로운
활동을 더 이상 용납하지 않는 것이 되는지 물어야 할 것입니다. 또한, 제도
가 인간의 본성으로부터 필연적으로 생겨날 수밖에 없는 것인지, 아니면 경
우에 따라서 변경될 수도 있는 역사적 발전의 산물인지 물어야 할 것입니다.

  겔렌 : 동감입니다. 가족, 법, 결혼, 사유재산 등과 같은 인간의 근본적인
제도나, 경제는 역사상 다양한 모습을 보여주고 있습니다. 이러한 제도는 언
젠가 해체되어버릴지도 모릅니다. 아마 계속 바뀌겠지요. 그러나 당신은 그
이상으로 묻고 있습니다. '왜 겔렌은 제도를 옹호하느냐'라고 말이죠.

  아도르노 : 오해하지 마십시오. 나 역시 어떤 점에서는 제도를 옹호합니다.
오늘의 상황에서 우리가 당면한 문제 해결의 열쇠는 인간을 지배하는 제도라
고 믿기 때문입니다. 그러나 우리는 서로 다른 결론에 도달하는 것 같습니다.

  겔렌 : 좋습니다. 어디 봅시다. 우리는 어쨌든 논쟁점을 찾아야 합니다. 나
는 아리스토텔레스와 마찬가지로 안전의 관점을 중요시하는 편입니다. 제도
는 인간이 스스로 멸망할 수도 있는 것을 막고 인간이 서로 해치는 것으로부
터 보호해 주는 장치라고 생각합니다. 물론 자유는 제한되지요. 그러나 혁명
가들은 계속 있었습니다.

아도르노 : 당신이 강조하는 것처럼, 인간이 제도 아래에서 갖는 책임이란 순응과 복종의 형태를 띨 수도 있습니다. 그러나 내가 강조하듯이, 인간이 자기 실현의 가능성에 따라 살아가는 것이 책임이 될 수도 있습니다. 달리 말하면, 잠재해 있는 인간 실현의 가능성을 방해하는 것에 맞서는 것이 책임일 수도 있습니다. 오늘날 제도에 대한 순응은 인간을 심각하게 기형화하는 결과를 초래하고 있지요. 인간의 잠재력은 제도에 의해서 억압되고 불구가 되었다고 말할 수 있습니다.

겔렌 : 나는 그렇게 생각하지 않습니다. 우리는 비슷한 연배이고, 다같이 네 번의 정부 형태, 세 번의 혁명, 두 번의 전쟁을 겪었지요. 그 동안 많은 제도가 무너지고 없어졌습니다. 그 결과는 인간의 전반적인 내적 불안정입니다. 내적인 동요지요. 이사실은 이제 명백하고 공개적인 것이 되었지요. 제도를 보존해야 한다는 것에 나는 찬성입니다. 인간은 제도를 어느 정도 개선할 수는 있지만 새로 시작할 수는 없다는 것을 누구나 알 수 있습니다. 우리는 제도 안으로 들어가지 않으면 안되고, 그 대가로 상당히 많은 제약을 감수하지 않으면 안됩니다.

아도르노 : 그건 나도 인정합니다. 내 견해는 다만 그로부터 얻은 성과가 별로 없다는 것입니다. 인간은 오늘날 기계 장치의 한 부속품이지 자신을 지배하는 주체가 아닙니다. 제가 원하는 것은 인간이 더 이상 쓸모 없는 부속품이 되지 않도록 세계가 이루어지고, 인간을 위해서 제도가 존재하고, 인간이 만든 제도를 위해서 인간이 존재하지 않도록 하는 것입니다. 제도가 인간 본성을 반영하고 있다는 말만으로는 별로 위안이 되지 않습니다.

겔렌 : 엄마의 앞치마에 몸을 숨기는 아이는 불안과 동시에 다소간의 안전을 느낍니다. 당신은 물론 성숙의 문제를 논하려 하겠지요. 우리가 자유롭기

위해, 당신은 기본적 문제에 대한 결정을 제도에 맡기기보다 인간 스스로 하게 하고, 그로 인해 불가피하게 제기되는 시행 착오와 삶의 과오를 감수하도록 모든 인간에게 요구해야 한다고 생각합니까?

아도르노 : 그렇습니다. 나는 객관적인 행복과 객관적인 절망에 대한 생각을 갖고 있습니다. 인간이 스스로 결정하고 그에 대한 책임을 지지 않는 한, 이 세계 내에서의 안녕과 행복은 하나의 허상임을 나는 말하고 싶습니다. 이것이 깨어질 때는 심각한 결과가 초래될 것입니다.

겔렌 : 이제 우리는 분명히 당신은 '예', 나는 '아니오'라고 말하는 지점에 도달했습니다. 지금까지 말한 것에 비추어 보면 당신은 인간 중심적이며 이상주의적입니다.

아도르노 : 나는 그렇게 이상주의적이지 못합니다. 인간이 처한 곤경은 제도에 의해서 지워진 부담입니다. 이것이 오늘날 인류의 근원적인 문제로 보입니다. 인간은 그들에게 재앙을 가져온 바로 그 권력의 품안으로 도망치려 합니다. 심층 심리학의 표현을 빌린다면, 자기 자신을 '공격자와 동일화하는 것'이라고 말할 수 있습니다. 당신은 모든 사람과 마찬가지로, 당신 자신도 두려워하는 바로 그 권력과 자신을 동일화하고 있습니다.

겔렌 : 나는 반대 견해를 피력하고자 합니다. 당신은 아직 인간의 손에 남아 있는 약간의 것마저도 인간으로 하여금 불만스럽게 여기도록 만들고 싶어합니다. 그것은 위험한 일입니다.

아도르노 : 그렇다면 그것에 대하여 바로 이런 말을 인용하고 싶습니다. '오직 절망만이 우리를 구원할 수 있다.'

– (프리드리히 그렌츠, 〈아도르노의 철학〉 중
'A.겔렌과 T. 아도르노의 논쟁')

제도(制度)에 관한 겔렌과 아도르노의 주장을 밝히고, 그에 대한 자신
의 견해를 제시하되, 반드시 예시문에 언급된 여러 제도 가운데 하나
를 택하여 논술하시오.

08 다음 제시문을 읽고 물음에 답하라.

[가]

인간이란 정신이다. 정신이란 무엇인가? 정신이란 자기이다. 자기란 무엇인가? 자기란 자기 자신과 관계하는 관계이다. 즉 거기에는 관계가 자기 자신과 관계하는 것들이 포함돼 있다. 자기란 단순한 관계가 아니고, 관계가 자기 자신과 관계하는 바를 의미한다.

이간은 유한성과 무한성, 시간성과 영원성, 자유와 필연의 종합이다. 요컨대 인간이란 종합이다. 종합이란 양자 사이의 관계이다. 그러나 이것만으로는 인간은 아직 아무런 자기가 아니다.

양자 사이의 관계에 있어서 관계 그 자체는 부정적 통일*로서의 제삼자이다. 그들 양자는 관계에 대해 관계하는 것이며, 그것도 관계 속에서 관계에 대해 관계하는 것이다. 예를 들면 인간이 영혼이라고 할 경우, 영혼과 육체의 관계는 그와 같은 관계이다. 이에 반해 관계가 그 자신에 대해 관계한다면, 이 관계야말로 적극적인 제삼자인 것이며, 그리고 이것이 자기인 것이다. (註* 여기서 부정적 통일은 정반합의 변증법적 과정으로서의 종합을 의미한다.)

자기 자신과 관계하는 그와 같은 관계는 자기를 스스로 정립한 것이거나 아니면 다른 사람에 의해 정립된 것이거나 이 둘 중 하나가 아니면 안 된다.

그런데 자기 자신과 관계하는 관계가 다른 사람에 의해 정립될 경우, 물론 그 관계는 제삼자인 셈이지만 그러나 그 관계, 즉 제삼자는 다시 또 모든 관계를 정립한 것과 관계하는 관계이기도 하다.

　이와 같이 도출되어 정립된 관계가 바로 인간인 자기인 것이다. 그것은 인간이 자기 자신과 관계하는 것이요, 동시에 자기 자신과 관계하는 것처럼 그렇게 타자와 관계하는 관계이다.

– 키에르케고르, 『죽음에 이르는 병』에서

[나]

　세계는 사람이 취하는 이중적인 태도에 따라서 사람에게 이중적이다. 사람의 태도는 그가 말할 수 있는 그원어의 이중성에 따라서 이중적이다. 근원어는 낱개의 말이 아니고 짝말이다. 근원어의 하나는 '나–너'라는 짝말이다. 또 하나의 근원어는 '나–그것'이라는 짝말이다.

　…중략…

　'나', 그 자체란 없으며 오직 근원어 '나–너'의 '나'와 근원어 '나–그것'의 '나'가 있을 뿐이다. 사람이 '나'라고 말할 때 그는 그 둘 중의 하나를 생각하고 있다. 그가 '나'라고 말할 때 그가 생각하고 있는 '나'가 거기에 존재한다. 또한 그가 '너' 또는 '그것'이라고 말할 때 위의 두 근원어 중 어느 하나의 '나'가 거기에 존재한다. …중략…

　정신이 독자적 삶 속에 작용해 들어가는 것은 결코 정신 자체가 아니며, '그것'의 세계를 변화시키는 힘에 의한 것이다. 정신이 자기에게 열려 있는 세계를 향하여 마주 나아가 그 세계에 자기를 바쳐서 세계와 그 세계에 속하여 자기를 구원할 수 있을 때, 정신은 참으로 '자기 자신'에 돌아와 있는 것이다. 이와 같은 일은 오늘날 산반하고 약화뇌고 변질되고 철저하게 모순에 빠진 지성이 다시 정신의 본질, 곧 '너'를 말할 수 있는 능력을 가지게 될 때 비로소 이루어진다.

'그것'의 세계에서는 인과율이 무제한으로 지배하고 있다. 감각적으로 지각되는 모든 '물리적'인 사건만이 아니라 또한 자기 경험 안에서 이미 발견되었거나 또는 발견되는 모든 '심리적'인 사건도 필연적으로 인과의 계율로 간주된다. 그 중에서 어떤 목적 설정의 성질을 가진 것으로 간주 할 수 있는 사건들까지도 역시 '그것'의 세계에 연속체를 이루는 일부로서 인과율의 지배로부터 자유롭지 않다. …중략…

　인과율이 '그것'의 세계에서 무한정한 지배력을 갖는다는 것은 자연의 과학적 질서를 위해서 근본적으로 중요하다. 그러나 그것이 사람을 억압하지는 못한다. 왜냐하면 사람이란 '그것'의 세계에만 속박되어 있지 않고, 거기에서 벗어나 몇 번이고 되풀이하여 관계의 세계로 들어갈 수 있기 때문이다. 이 관계의 세계에서 '나'와 '너'는 서로 자유롭게 마주 서 있으며, 어떠한 인과율에도 얽매이지 않고 물들지 않은 상호관계에 들어선다. 이 관계의 세계 속에서 사람은 자기의 존재 및 보편적 존재의 자유가 보장되어 있음을 알게 된다. 관계를 알며 '너'의 현존을 아는 사람만이 결단할 수 있는 능력을 가지고 있다. 결단하는 사람만이 자유롭다. 왜냐하면 그는 '너'의 면전에 나아간 것이기 때문이다. …중략…

　관계의 목적은 관계 자체, 곧 '너'와의 접촉이다. 왜냐하면 '너'와의 접촉에 의하여 '너'의 숨결, 곧 영원한 삶의 입김이 우리를 스치기 때문이다.

　관계 속에 서 있는 사람은 현실에 관여한다. 즉 그는 존재에 그저 맞닿아 있는 것도 아니고, 존재 밖에 있는 것도 아니다. 바로 존재에 관여하고 있는 것이다. 모든 현실은 하나의 작용이다. 나는 그것을 내 소유로 삼을 수는 없지만 그 작용에 관여하고 있다. 관여가 없는 곳에는 현실이 없다. 자기 독점이 이루어지는 곳에는 현실이 없다. 관여는 직접적으로 '너'와 접촉하는 것이며, 그럴수록 그만큼 더 완전하다.

- 마루틴 부버, 『나와 너』에서

[다]

　인터넷을 사용하는 두 마리 개를 그린 유명한 만화가 있다. 한 마리가 자판을 두들기며 다른 개에게 말한다. '인터넷에서는 우리가 개라는 걸 아무도 모를 거야.' 여기에 이런 말도 추가할 수 있지 않을까. '우리가 어디에 있는지도 모를 거야.'

　뉴욕에서 도쿄까지는 대략 14시간이 걸린다. 나는 비행기 안에서 40~50개에 달하는 전자 우편물을 작성하는 데 대부분의 시간을 보낸다. 내가 호텔에 도착해서 관리인에게 이것을 팩시밀리로 보내달라고 요청하는 상황을 그려 보라. 그 정도 양이면 단체 우편물로 간주될 것이다. 그러나 전자우편으로 이것을 보내면 아주 빠르고 손쉽게 처리할 수 있다. 나는 이것을 특정 장소가 아니라 특정인에게 보낸다. 사람들은 도쿄가 아니라 나에게 메시지를 보내는 것이다.

　전자우편은 당신이 어디에 있는지 몰라도 누구나 당신에게 우편물을 보낼 수 있는 이동성을 제공한다. 전자우편은 여행 중인 세일즈맨에게 아주 적합하다. 그런데 전자우편과 항상 접속되어 있도록 하는 과정은 디지털 생활에서 비트와 아톰 간의 차이에 대해 흥미로운 질문을 제기한다.…중략…

　거기서 나는 여러 개의 이름으로 인터넷 안으로 들어갈 수 있다. 세계 곳곳에서 인터넷과 접속하는 것은 마술이다.

- 니콜라스 네그로폰테, 『디지털이다』에서

[라]

　지난 27일 프랑스 의료진은 세계 최초로 안면 이식 수술에 성공했다. 이 수술을 집도한 의사는 '수술 받은 여성이 24시간 뒤에 서서히 의식을 회복했다.'면서 '마취에서 깨어나자마자 '감사해요'라는 첫 마디를 던졌다'고 전했다.

　신원이 공개되지 않은 올해 38세의 이 여성은 지난 5월 개에게 물려 코와 입술을 잃어 제대로 말을 하거나 음식물을 씹을 수가 없는 상태여서 뇌사 상태의 여성으로부터 기증받은 피부 조직과 근육, 동맥, 정맥을 이식하는 대수술을 받았다.

　코와 입술, 턱 부분이 이식된 이번 수술은 세계 최초의 사례로 기록됐고, 수술 집도의는 프랑스 남동부 리옹 소재 병원의 전문의인 장 ― 미셸 뒤베르나르와 아미앵대학병원의 전문의 베르나르 드보셸이었다.

　프랑스에서 세계 최초로 성공을 거둔 이번 안면 이식 수술은 화상이나 사고로 얼굴이 망가진 사람들에게 희망의 빛을 던져 주었지만, 이 수술로 다른 사람의 얼굴 모양을 할 수 있어 본인이나 가족, 주변 사람들에게 충격을 줄 수 있다는 논란도 있었다.

― 리옹 AP / 연합뉴스에서

[문항 01]

과학 기술의 발달에 따라 인간의 실존적 상황이 달라질 수 있다. 이와 관련한 현대 사회의 특징적인 두 단면을 제시문 [다], [라]는 보여준다. 제시문 [가], [나]의 논지를 요약한 후, 이를 구체적 논거로 활용하여 [다], [라]가 시사하는 문제점 중 공통점을 중심으로 논술하라.

※ 앞의 제시문 [가], [나]와 다음 제시문을 읽고 물음에 답하라.

[마]

약 한 세기 전의 한국, 이 무렵 나라 곳곳에선 한센병 환자들이 상당히 늘어나 사회문제가 된 일이 있었다. 후일 정부 당국에서는 한 낙도에 한센병 환자들의 전문치료병원을 건립하고, 모든 육지의 환자들을 그 섬 안에다 강제 수용시킨다. 그러자 섬에서는 환자들의 탈출극이 빈발한다. 목숨을 걸고 섬을 탈출해 나가는 환자들이 그치질 않는다. 이럴 무렵 능력 있는 의사가 병원의 새 원장으로 부임해 온다. 그리고 거의 절대에 가까운 통치권으로 이 섬과 섬의 환자들을 관리하고 지배해 나간다.

그는 우선 호나자들의 탈출을 막는 데에 전력을 기울인다. 탈출 사고가 빈발하는 이유가 그에게는 너무도 명백하다. 그는 섬 안에 환자들의 낙원을 꾸미기를 희망한다. 환자들의 병을 잘 치료해주고, 주거환경을 개선하고, 복지시설을 늘리고, 노동량을 줄여주며, 신앙의 자유와 가족 단위의 생활 대책을 확보해 준다. 그런 식으로 그는 그 스스로 어느 정도 만족할 만한 환자들의 낙원을 꾸며 놓는다.

하지만 그래도 환자들의 탈출극은 그치지 않는다. 계속되는 탈출 사건은 원장이 꾸미려는 섬의 낙원에 대한 노골적인 야유이자 부정의 시위인 것이었다. 원장과 환자들 사이의 싸움은 끝없이 계속된다. 그리고 마침내 원장은 깨닫는다.

– 이청준, 『말없음표의 속말들』에서

[문항 02]

제시문 [가], [나]의 논거를 구체적으로 활용하여, 제시문 [마]에서 원장이 깨달은 바의 핵심 내용을 추론하라.

09 〈논제〉 다음 제시문에는 개인의 실존과 대중(군중)의 익명성에 관한 관점들이 나타나 있다. 이를 바탕으로 오늘날 한국 사회의 문제점을 구체적인 사례를 들어 비판적 관점에서 논술하라.

서강대 대입 논술고사 문제

[가]

현존재는 언제나 자기 자신을 그의 실존에서부터, 즉 그 자신으로 존재하거나 그 자신이 아닌 것으로 존재하거나 할 수 있는 그 자신의 한 가능성에서부터 이해한다. 현존재는 이러한 가능성들을 그 스스로 선택했든가, 아니면 그 가능성들 안으로 빠져들게 되었든가, 아니면 각기 이미 그 안에서 성장해 왔다. 실존은 장악하거나 놓치는 방식으로 오직 그때마다의 현존재에 의해서 결정된다. 실존의 문제는 언제나 오직 실존함 자체에 의해서만 처리될 수 있다. (중략)…

현존재는 일상적인 '서로 함께 있음'으로서 타인들에 '예속'되어 있다. 현존재 자신이 '존재하고' 있는 것이 아니라 타인들이 그에게서 존재를 빼앗아 버렸다. 타인들이 임의로 현존재의 일상적인 존재가능성들을 좌우한다. 이때 이러한 타인들은 '특정한' 타인이 아니다. 오히려 그 반대로, 어느 타인이건 다 그 타인을 대표할 수 있다. 결정적인 것은 오직 '더불어 있음'으로서의 현존재가 뜻하지 않게 떠넘겨 받은 눈에 띄지 않는 타인들의 지배일 뿐이다.

사람들 자신이 타인들에 속해 있으며 그들의 권력을 공고히 한다. 타인들에 속한 고유한 본질적인 귀속성을 은폐하기 위해서 사람들이 그들을 '남들'이라 명명할 때의 그 '남들'은, 곧 일상적인 '서로 함께 있음' 가운데 무엇보

다도 그리고 대체적으로 '거기에 있는' 그들인 것이다. 그 '누구'는 이 사람
도 저 사람도 아니고, 사람들 자신도 아니며, 몇몇 사람들도 아니고, 모든 사
람의 총계도 아니다. 그 '누구'는 중성재[불특정 다수]로서 '그들'[세인(世
人)]이다.

공공의 '주위세계'는 가장 가까운 주위세계에 그때마다 이미 손 안에 있으
며 함께 배려되고 있다. 대중 교통수단을 사용하든 정보매체(신문)를 이용하
든 타인은 모두 같은 타인인 셈이다. 이러한 '서로 함께 있음'은 고유한 현
존재를 완전히 '타인'들의 존재양식 속으로 해체해 버리며 그래서 타인들의
차별성과 두드러짐이 더욱더 사라져 버리게 된다. 이러한 눈에 안 띔과 확정
할 수 없음 속에서 '그들'은 그들의 본래적인 독재를 펼친다.

우리는 '그들'이 즐기는 것처럼 즐기며 좋아한다. 우리는 '그들'이 보고
판단하는 것처럼 읽고 보며 문학과 예술에 대해서 판단한다. 그런가 하면 우
리는 또한 '그들'이 그렇게 하듯이 '군중'으로부터 물러서기도 한다. '그들'
이 격분하는 것에는 우리도 '격분한다.' '그들'은 어떤 특정한 사람들이 아
니고, 비록 총계로서는 아니더라도 모두인데, 이 '그들'이 일상성의 존재양
식을 지정해 주고 있다.

— 마르틴 하이데거 '존재와 시간' 에서

[나-1]
군중 속에서 유령처럼 나타나는 이 얼굴들,
까맣게 젖은 나뭇가지 위의 꽃잎들.

— 에즈라 파운드 '지하철 정거장에서'

[나-2]

나는 보았다

밥벌레들이 순대 속으로 기어들어가는 것을

– 최영미 '지하철에서 1'

[다]

그 시절에는 덕목과 덕목 사이에도 대립이 있었고, 싸움이 있었습니다. 미와 선의 대립은 일상으로 있는 것이고, 충과 효, 정의와 정직도 일치되지 않는 경우가 보통으로 있는 일이었습니다. 일례로, 정의의 대열에 끼어있는 사람이 어떤 경우 정직하게 움직이면 그 대열에 해가 되는 수가 있습니다. 그렇다고 해서 부정직하게 움직인다면 그 부정직은 정의와 배치되는 것이기 때문에, 정의와 배치되는 것을 가지고 정의를 위한다는 것은 성립되지 않는 일이어야 할 것입니다.

그런데도 정의를 위해서 부정직하게 움직인 그 행위는 대의를 위해서 소의를 죽인 것이라 해서, 정직하게 움직이느라고 정의를 위하지 못한 사람은 미련하고 비겁하다는 낙인이 찍히는 것이니 더 말할 것도 없지만, 정직하게 정의를 위한 사람보다도 더 급수가 높은 훈장을 받는 것입니다. 훈장이란 대부분의 경우 이런 범죄의 대명사이고, 따라서 열을 가하면 보잘 것 없는 쇠붙이가 되어 버리는 것입니다. 인간 역사를 타락시킨 한 원인은 이런 훈장의 시위에도 있는 것입니다.

그들의 교과서는 그런 훈장의 시위로 가득 차 있는 것입니다. 그러면서 한편으로는 또 정직을 소리 높여 외치고 있는 것입니다. 그들의 가치관은 그런 비빔밥이었습니다.

그 비빔밥은 다수결에서 온 것입니다. 그는 정의를 위해서가 아니라, 대열이라는 다수를 위해서 부정직을 행한 것입니다. 대의(大義)의 '대'는 '대'(大)가 아니라 '다'(多)였고, 소의(小義)의 '소'는 '소'(小)가 아니라 '소'(少)였던 것입니다. '다'(多)를 '대'(大)로 바꾸어 놓는 환골이랄까 사기랄까, 이것이 그들의 윤리인 것입니다. 나아가서는 최대다수의 행복이 선이라고 공언하기에 이른 것입니다.

– 장용학 '원형의 전설'에서

[라]

아래로부터의 정치 참여를 유도하는 대중독재의 실험성은 고정된 권력 체제가 아닌 움직이는 정치적 과정으로서 대중독재를 이해할 때 비로소 포착된다. 대중독재의 정치적 실험은 물론 대중의 다양성을 인정하는 것과는 거리가 멀다. 대중의 자발적 정치 참여는 이질적이고 다양한 대중을 단일하고 규율화된 집단으로 만들려는 권력의 욕구를 충족시키는 한에서만 인정된다.

그 틀을 벗어나는 대중은 '민족의 적', '인민의 적'이라는 이름으로 재단되며 참여의 기회를 박탈당한다. 대중독재 체제의 뚜렷한 특징인 억압과 테러는 사실상 정치 참여의 기회를 박탈당하고 배제된 이들 소수의 '아웃사이더'에 대한 주류 다수의 동의에 입각한 것이었다. 1930년대 대중독재 체제에 대한 동시대인들의 증언에서 폭력이나 테러보다는 파시스트 정치의 종교적 차원이 더 자주 운운 된다는 사실은 이 점에서 매우 흥미롭다.

동시대인들이 더 절실하게 체감한 것은 폭력과 억압이 아니라, 국가, 민족, 인종, 프롤레타리아의 신성화, 상징과 집단적 의례의 체계적 사용, 집단에 대한 광신적 헌신과 적에 대한 무자비한 증오, 대중의 열광과 갈채, 지도자 숭배와 같은 정치종교적 특징들이었다. 정책적 차원에서의 공조와 타협에도 불구하고 대중독재가 기본적으로 전통 종교와 불화할 수밖에 없었던 이유도 여기에 있다.

대중독재의 정치종교적 성격은 기본적으로 근대의 산물이다. 그것은 정치가 전통 종교로부터 자율성을 획득할 때 나타나는 것으로, 전통 종교의 정치화와는 확연히 구분된다. 국가와 민족, 인종 등 집단적인 세속적 실재가 신성화되고 신성화된 세속적 실재를 숭배하는 정치적 의례에 대중이 집단적으로 참여할 때, '정치의 신성화', 즉 정치종교가 탄생하게 되는 것이다.

'우연한 군중'은 이렇게 정치종교의 성찬식에 참가함으로써 단일한 의지와 목표를 지향하는 대중으로 전화된다. 후에 나치즘의 가장 통렬한 비판자가 된 열한 살짜리 어린 소녀에게 가장 행복한 추억으로 느껴졌던 뉘른베르크의 나치 당 대회나 새로운 신화와 숭배 의식을 지닌 새로운 정치 형식을 고민했던 무솔리니의 회고는 정치종교로서의 대중독재가 갖는 호소력을 잘 드러낸다.

'우연한 군중'을 같은 믿음의 단일한 집합적 대중으로 만드는 정치종교의 메커니즘은 정통파와 이교도라는 수사를 통해 배제와 포섭, 적과 동지의 이분법을 정당화하고 강화한다. 대중민주주의의 장치들이 아래로부터의 자발적 동의를 견인해 내고, 결국에는 대중독재를 정당화하는 지배 장치로 변화하는 것도 이러한 맥락에서다.

– 임지현 '대중독재의 지형도 그리기'에서

[마]

군중 내부에서 일어나는 가장 중요한 사건은 '방전'(구속 상태로부터의 해방, 에너지의 폭발과 방출)이다. 방전이 일어나기 전의 군중은 본질적으로 군중이 아니다. 방전이 있어야만 비로소 군중이 생성된다. 방전의 순간에 군중의 모든 구성은 그들 사이의 차이를 제거하고 평등을 느끼게 된다.

여기서 차이란 주로 외부로부터 주어진 것들, 즉 계급, 신분, 재산 따위의 차이를 말한다. 개별적 존재로서의 인간은 항상 이런 차이를 의식한다. 이 차이는 개개인들에게 중압감을 주고 그들이 상호 고립되도록 강요한다. 인간은 일정하고 안전한 위치에 고고하게 선 채, 온갖 몸짓으로 마치 자신이 남들과 거리를 유지할 권리를 가진 것처럼 주장한다.

인간은 광활한 평원 위에 우뚝 서 인상적으로 움직이는 풍차와도 같다. 그리고 이때 그 풍차와 이웃 풍차 사이에는 간격이 있을 뿐, 다른 것은 아무것도 없다. 모든 삶이 이 간격 속에서 펼쳐진다. 인간이 자기 자신과 재산을 넣어두는 집, 그가 차지한 지위, 그가 바라는 계급, 이 모든 것들이 간격을 만들고, 확고하게 하며, 확대시킨다. '(중략)'

　　인간은 함께 모임으로써만 이러한 간격의 질곡에서 해방될 수 있는데, 이
것이 바로 군중 속에서 일어난다. 방전을 통해 온갖 괴리가 사라지고 모든 구
성원이 평등감을 느끼게 된다. 몸과 몸이 밀고 밀리는, 틈이라고 거의 없는
밀집 상태 속에서 각 구성원은 상대를 자기 자신만큼이나 가깝게 느끼게 되
며, 결국 커다란 안도감을 느끼게 된다. 아무도 남보다 위대할 것도 나을 것
도 없는, 이 축복의 순간을 맛보기 위해 인간은 군중을 형성하는 것이다.

　　그러나 그토록 염원하였고 그토록 행복한 이 방전의 순간은 자체 내에 위
험성을 안고 있다. 방전의 순간은 근본적으로 환상에서 비롯된 것이다. 사람
들은 갑자기 평등감을 느끼지만 그들이 실제로 평등한 것은 아닐뿐더러 영원
히 평등해질 수도 없다. 그들은 결국 각자의 집으로 돌아가 각자의 침대에 누
울 것이며, 각자의 소유물을 지니며, 자신의 이름을 결코 버리려 하지 않을
것이다. 그들은 자신들에게 딸려 있는 권속을 버리지 않는다. 그들은 가족을
이탈하지 않는다.

- 엘리아스 카네티 '군중과 권력'에서

10 [문제] 근대 이래 과학기술의 발달은 삶의 방식에 많은 변화를 가져왔다. 아래 제시문들은 그 중 하나를 공통된 주제로 삼고 있다. 제시문들의 내용을 유기적으로 파악하여 그 논지를 정리하고, 이러한 변화가 앞으로 인간의 삶에 어떤 문제를 초래할 것인지 자신의 견해를 논술하시오.

성균관대 대입 논술고사 문제

(1)

하이네는 철도를 화약과 인쇄술 이래로 '인류에게 커다란 변화를 가져오고, 삶의 색채와 형태를 바꾸어 놓은 숙명적인 사건'이라고 불렀다. 나아가 다음과 같이 적고 있다. '이제 우리의 직관 방식과 우리의 표상에 어떤 변화가 생길 것임에 틀림없다. 심지어 시간과 공간에 대한 기본적인 개념들도 흔들리게 되었다. 철도를 통해서 공간은 살해당했다. 그리고 우리에게 남아 있는 것이라고는 시간밖에 없다.… 이제 사람들은 세 시간 반 내에 오를레앙까지, 그리고 같은 시간 내에 루앙까지 여행한다. 이 노선들이 벨기에와 독일까지 연결되고 또 그곳의 철도들과 연결된다면 어떤 일이 초래될 것인가! 내게는 모든 나라에 있는 산과 숲이 파리로 다가오고 있는 듯하다. 나는 이미 독일 보리수의 향내를 맡고 있다. 내 문 앞에는 북해의 파도가 부서지고 있다.'

여기서 우리는 동일한 하나의 변화가 지니는 두가지 모순적인 측면을 발견하게 된다. 철도는 한편으로 이제까지 마음대로 할 수 없었던 새로운 공간을 열어 놓았지만, 다른 한편으로 그 사이의 공간을 없앴다는 점이다. (…) 슈테른베르거는 다음과 같이 말한다. '유럽의 창을 통해 보이는 전망은 그것이 지닌 심층적인 차원을 완전히 상실했다. 그것은 빙 둘러 서 있으며, 어디

나 채색된 평면뿐인 하나의 동일한 파노라마 세계의 일부가 되어버렸다.'
(…) 산업화 이전 시대에 시각적 인식에 존재하던 초점심도(焦點深度)는 속도
로 인해 가까이 놓여 있는 대상들이 사라져가면서 완전히 상실되어버렸다.
이는 전경(前景)의 종말, 즉 산업화 이전 시기에 여행의 본질적인 경험을 이
루던 공간 차원의 종말을 의미한다.

　전경을 통해서 여행자는 스스로를 자신이 지나치고 있는 풍광과 연관지었
고, 자신을 이 전경의 일부분으로 인식하였다. 이러한 의식은 그를 그 지역의
풍광과 일치시켰고, 여행자는 이 풍경이 펼쳐질 수 있는 경계 내에 존재했다.
속도로 인해 전경이 해체되면서, 여행자는 이러한 공간 차원을 잃게 되었다.

(볼프강 슈벨부쉬(박진희 역), 〈철도여행의 역사〉)

(2)

　수백만에 달하는 사람들이 매일 한 건물(가정)에서 다른 건물(사무실)로 무
리지어 옮겨다니고, 저녁마다 이 과정을 거꾸로 되풀이했다는 사실이 50년
후에는 신기하게 여겨질 것이다. 출퇴근을 위해서는 하루 두 번 이동량이 가
장 많은 시간에 맞게 구축된 수송망이 필요하다. 도로는 가장 혼잡할 때의 교
통량의 하중을 수용해야 하며, 통근열차와 버스는 최대한의 승객을 수용해야
한다. 출퇴근은 시간과 건물의 수용 능력을 낭비한다. 한 건물(가정)은 흔히
낮 동안 비어 있고, 다른 건물(번화가의 가장 비싼 곳에 위치한 사무실)은 대
개 밤 시간에 비어있다. 이러한 모습은 우리의 후세들에게 이상하게 보일런
지 모른다.

(프랜시스 케언크로스(홍석기 역), 〈거리의 소멸–디지털 혁명〉)

(3)

　우리는 이러한 시간구조의 재편성이 사회에 미치는 영향을 이제야 겨우 느끼기 시작하고 있다. 예를 들어, 시간패턴의 개별화가 촉진되면 노동의 지루함이 감소할 수도 있지만 동시에 고독감과 사회적 고립이 증대할 수도 있다. 만약 친구나 애인 또는 가족 모두가 각기 다른 시간에 일을 하게 될 경우 각자의 스케줄을 조정하는 데 도움을 주는 새로운 서비스 기능이 생기지 않는다면, 서로가 얼굴을 마주하는 사회적 접촉은 더 어렵게 될 것이다. 동네의 선술집, 교회 모임, 학교 무도회 등 전통적인 사교의 공간은 이제 그것이 지닌 본래의 의미를 상실해 가고 있다.

(앨빈 토플러(이규행 역), 〈제3의 물결〉)

(4)

　속도는 기술 혁명이 인간에게 선사한 엑스터시의 형태이다. 오토바이를 타고 가는 사람과는 달리 뛰어가는 사람은 언제나 자신의 육체 속에 있으며, 끊임없이 발바닥의 물집, 가쁜 호흡을 생각할 수밖에 없다. 뛰고 있을 때 그는 자신의 체중, 자신의 나이를 느끼며, 그 어느 때보다도 더 자신과 자기 인생의 시간을 의식한다. 인간이 기계에 속도의 능력을 위임하고 나자 모든 것이 변한다. 이때부터 그의 고유한 육체는 관심 밖에 있게 되고, 그는 비신체적·비물질적 속도, 순수한 속도, 속도 그 자체, 속도 엑스터시에 몰입한다.(…)

　어찌하여 느림의 즐거움은 사라져버렸는가? 아, 어디에 있는가, 옛날의 그

한량들은? 민요들 속의 그 게으른 주인공들, 이 방앗간 저 방앗간을 어슬렁거리며 총총한 별 아래 잠자던 그 방랑객들은? 시골길, 초원, 숲 속의 빈터, 자연과 더불어 사라져버렸는가? 한 체코 격언은 그들의 그 고요한 한가로움을 하나의 은유로써 이렇게 표현하고 있다. '그들은 신의 창(窓)을 관조하고 있다'고. 신의 창을 관조하는 자는 따분하지 않다. 그는 행복하다. 우리세계에서 이 한가로움은 빈둥거림으로 변질되었는데, 이는 성격이 전혀 다른 것이다. 빈둥거리는 자는 낙심한 자요, 따분해하며 자기에게 결여된 움직임을 끊임없이 찾고 있는 사람이다.

(밀란 쿤데라(김병욱 역), 〈느림〉)

(5)

　깁슨은 사이버 스페이스를 '무한한 감옥'이라고 표현했다. 우리는 아무 제약도 받지 않는 사이버 스페이스 안에서 끝없이 여행을 할 수 있다. 왜냐하면 사이버 스페이스는 전자기술적으로 설정된 공간이며, 그 속에서 우리는 현실의 물리적 우주뿐만 아니라 가능세계와 상상의 세계까지도 전자기술적으로 표상할 수 있기 때문이다. 그러나 유한한 육체를 지닌 존재에게 그러한 무한성은 비물리적인 이차적 영역 속에 우리를 감금하는 감옥과 같다.

　가상현실(virtual reality) 시스템은 물리적 공간을 표상할 뿐만 아니라 우리로 하여금 화성이나 깊은 바다의 광경 속으로 빠져들어가 원격현전(遠隔現前:telepresence)을 느낄 수 있도록 사이버 스페이스를 사용하기도 한다. 그러나 사이버 세계의 자료를 구축하는 일은 본래의 신체를 움직이고 있는 내적 생체에너지로부터 사용자를 멀리 떼어놓는다.

(마이클 하임(여명숙 역), 〈가상현실의 철학적 의미〉)

11 [문제] 사회 공동체에서 언어는 의사를 표현하고 전달하는 도구 이상의 역할을 한다. 아래 지문들의 내용에 근거하여, 언어가 어떤 방식으로 사회 공동체에 영향을 미치는지 자신의 관점에서 논술하시오.

이화여대 대입 논술고사 문제

(가)

인간이 벌이나 다른 군서(群棲) 동물들과는 전혀 다른 의미에서 정치적 동물이라는 것은 명백하다. 자연은 그 어떠한 것도 헛되이 만드는 법이 없다. 자연은 모든 동물들 중에서 유일하게 인간에게만 언어 능력을 부여했다. 언어는 발성 능력과 다르다. 다른 동물들도 소리는 낼 수 있으나, 그들의 소리는 단지 고통스러움과 쾌적함을 표현하기 위한 것이다. 그들도 본성적으로 쾌와 고를 느낄 수 있을 뿐만 아니라, 이런 느낌들을 소리를 질러 서로에게 알릴 수 있다. 그러나 인간의 언어는 좋은 것과 나쁜 것을, 그러므로 의로운 것과 의롭지 않은 것을 구분할 수 있게 한다. 인간과 다른 동물들 간의 진정한 차이는 인간만이 선과 악, 정의와 불의 등을 지각할 수 있다는 점이다. 인간은 이런 문제들에 대해 공동의 인식을 소유함으로써 가정과 국가를 구성할 수 있다.

(나)

사람은 논변에 참여할 수 있는 능력을 지니고 있다. 이 점에서 사람은 누구나 홀로 서 있으면서도 의사소통적 문맥의 구성원으로 존재한다. 이것이 '이상적인 의사소통 공동체'가 의미하는 바이다. 논변적 담론의 참여자들에게 요구되는 합의는 현실적 공동체의 경계를 넘어서야 도달할 수 있다. 그럼에도 불구하고 서로에 속하여 있음에서 오는 그들의 사회적 유대감은 이런 담론 속에서 손상되지 않고 유지된다. 담론에 의해 합의가 가능하다는 사실은 다음 두 사항에 의거한다. 하나는 예 또는 아니오를 말할 수 있는 양도불가능한 개인의 권리이고, 다른 하나는 자신의 자기중심적 관점을 극복할 수 있는 가능성이다.

비판가능한 주장에 대해 예 또는 아니오로 대응할 수 있는 개인의 불가침적인 자유가 없다면, 동의는 진정으로 보편적인 것이라고 할 수 없다. 다른 한편 각자가 서로 공감할 수 있는 감수성을 지니지 않는다면, 오랜 토론을 거치며 숙고해도 보편적 동의에 도달할 수 없을 것이다. 이처럼 개인은 양도할 수 없는 자율성을 지닌 동시에 상호주관적으로 공유되는 관계망의 구성원이다. 이 두 국면은 내적으로 연결되어 있으며, 담론을 통한 결정 절차에서는 바로 이런 연결 관계가 고려되어야 한다.

(다)

토론을 하는 사람은 의(義)로써 서로 돕고, 도(道)로써 서로 깨우치고, 선(善)을 따를 뿐 반드시 이길 것을 구하지 않으며, 의에 승복할 뿐 말이 막히는 것을 부끄럽게 여기지 않습니다. 거짓으로써 서로 미혹케 하고, 화려한 언사로써 서로 혼란스럽게 하고, 나중에 멈추는 것을 서로 자랑으로 여기며, 어떻게든 이기기만을 바라는 것은 토론을 함에서 본받을 바가 아닙니다. 무릇 소진(蘇秦)과 장의(張儀)는 제후들을 현혹시켜 대국을 망하게 하고 군주가 가지고 있는 것을 잃게 하였으니, 이들이 변설에 뛰어나지 않은 것은 아니지만 이들의 말은 나라를 어지럽히는 길이었습니다. 군자는 비속한 사람들과 더불어 군주를 섬기는 것을 꺼려하였으니, 그들이 군주의 말이라면 무조건 따르면서 어떤 일도 못하는 바가 없는 것을 걱정하였던 것입니다.

지금 당신은 바르고 의로운 말을 받아들여 경(卿)·상(相)을 보좌해야 함에도 불구하고, 그들의 뜻에 무조건 순종하여 당장의 유리한 말만을 좋아하며 훗날의 일을 생각하지 않습니다. 당신 같은 식으로 관리 노릇을 하면 마땅히 중벌을 받게 될 것입니다.

12 [문제] [가] 지문은 대중문화에 대한 논의이다. 먼저 [나] 지문에 제시된 중심 개념을 도출 · 정리한 후, 이를 분석의 도구로 삼아 [가] 지문을 참조하여 [다] 지문의 '욘사마 현상'을 분석하시오.

[가]

　대중문화는 이제 우리 삶의 중요한 부분이 되었다. 이런 대중문화에 대해 긍정적으로 보는 이들도 있고 부정적으로 보는 이들도 있다. 옹호론자들은 다수 대중들이 대중문화를 통해 민주적으로 문화를 함양하고 교양을 함양한다고 주장한다. 반면에 비판론자들은 대중문화가 인간의 사고와 표현의 정수이어야 할 문화와 예술을 오히려 저급한 상태로 퇴행시킨다고 역설한다.

　비판론자 가운데 대중문화를 문화산업과 연관시켜 비판하는 학자들이 있다. 이들은 대중문화를 문화산업에 의해 대량으로 생산되고 소비되는 상품으로 간주한다. 그들에 의하면 문화산업가들은 더 많은 이익을 창출하고 기존 질서를 유지하기 위하여 예술에 간섭하고 이를 자신의 의도에 맞게 변형시킨다. 문화산업가들은 연예인, 기획사, 제작사, 매스미디어, 유통업체 등을 하나로 묶어 이윤이 보장되는 대중예술을 양산하고 확대 재생산한다. 여기서 그치지 않고 문화산업가들은 다양한 문화적 공세를 통해 대중의 정서와 감정, 취향과 무의식마저 조작한다. 이 속에서 문화는 대량 생산된 상품처럼 다양성과 독창성을 상설하고, 대중들은 이를 향유하며 얻은 충족감을 통해 불만과 갈등을 해소하고 일상의 행복에 빠져든다는 것이다.

　한편 대중이 수동적으로 대중문화 상품을 소비하는 객체만은 아니라는 견해도 있다. 이 경우 대중은 문화에 대해 스스로 해석하고 실천하는 주체이다. 대중문화 역시 제작자의 의도대로 조작되는 것만은 아니다. 이러한 관점

에서 보면 대중문화는 제작자의 의도와 수용자의 의도가 만나고 섞이는 가
운데 의미를 만들어가는 문화적 실천의 산물이기도 하다.

[나]

The mass media constantly forces cultural symbolic signs on society. The signs in mass culture have hidden as well as obvious meanings. These signs have secondary meanings in some cultural or social contexts. When specific signs go beyond their primary meanings and are charged with psychological, emotional or ideological meanings, cultural myths are produced. These myths are stories, ideas, and images that embody the main aspects of culture. Producers, advertisers, journalists, and even cultural consumers create myths, influencing our thoughts and values. Myths at this level come to defend the values and interests of the dominant groups in society.

Some critics of mass culture see cultural consumption as manipulation. They think cultural producers use myths to affect the thoughts and behaviors of cultural consumers. These myths are combined with cultural products. This combination creates an environment where people consume products without thinking about the purpose behind the myths. It is through this that cultural industries make large profits. When viewed this way, mass culture is nothing more than fantasies made by cultural industries. Behind these are hidden the myths that the producers of mass culture create.

[다]

뉴욕타임즈 12월 23일자 인터넷 판은 도쿄발 기사에서 32세의 배우 배용준이 달콤한 드라마 덕분에 수많은 일본 중년 여성의 마음을 사로잡는 최고 인기 남성으로 떠올랐다고 말했다. 이어 그가 한국과 일본에 무려 23억 달러의 경제적 효과를 창출했다고 지적했다. '욘사마의 일본 폭격'이란 말이 있을 만큼 일본에서 배용준의 인기는 하나의 문화현상으로까지 확산되고 있다. 아사히 신문은 2004년 일본의 최고 유행어로 '욘사마'를 선정했고, 니혼게이자이 신문도 올해의 히트 상품 1위에 '욘사마'를 꼽았다.

일본의 배용준 팬들은 그를 '욘플루엔자'로 부른다. 욘사마와 인플루엔자의 합성어인 이 욘플루엔자에 한번 걸리면 그를 알기 전의 자신으로 돌아가기 힘들다는 뜻이다. 심지어 '용겔계수'라는 말까지 나온다. 이 말은 가계의 총지출액 중 식료품비가 차지하는 비율인 엥겔계수에서 비롯된 용어다. 가계 총지출액에서 배용준과 관련된 문화상품인 〈겨울연가〉 DVD, OST, 서적, 액세서리, 가발 등에 쓰는 비용의 비율을 일컫는다. 그가 일본에서 껌의 모델로 등장하면, 열성팬들은 아예 그 껌을 박스 째 싹쓸이한다. 어떤 일본 여성은 배용준의 한 쪽 폐에 들어가 호흡하고 싶다고 말하기까지 했다. 배용준의 이러한 인기는 고이즈미 일본 총리가 '나도 욘사마만큼 인기가 좋아 여성들이 나를 '준사마'로 불러줬으면 좋겠다.'라고 말했을 정도다.

배용준의 수려한 외모와 온화한 미소, 그리고 세련된 매너는 일본의 중년 여성 팬들을 사로잡는 요인이다. '욘사마의 어떤 모습이 좋으냐' 라는 질문에 대해 일본 팬들은 '왜 그를 이토록 사랑하게 되는지 설명할 수는 없다. 하지만 그는 보통 남자들에게서는 느낄 수 없는 어떤 것이 있다.' 라고 답변했다. 배용준을 언어와 문화만 약간 다를 뿐 자신들의 현실 속에 있음직한 '이웃집 왕자님'으로 인식한다는 것이다. 공항에 몰려든 중년 여성들 중 일부가 질서 유지를 위해 안간힘을 쓰는 일본 경찰과 보안 요원들에게 '키도 작고 못난 인간들! 욘사마는 달라.' 라며 항의했다는 보도도 있었다.

욘사마에 열광하는 사람들은 어떤 계층에 속할까? 지난 해 11월 배용준을 마중하기 위해 나리타 공항과 도쿄 시내 호텔에 모여든 수천 명의 팬 가운데 대다수는 30~60대 중년 여성들이었다. 이들은 〈겨울연가〉의 순수한 사랑을 접하면서 옛 청춘 시절에 대한 기억을 되살리며 행복감을 느꼈다고 고백했다. 결혼해도 아이를 낳지 않고, 부부 생활도 즐기지 않는 사람들이 늘어나는 상황에서, 많은 일본 주부들이 현실에 대한 비관과 미래에 대한 불안감에서 벗어나기 위해 옛 사랑에 대한 향수를 그에게서 찾으려 한다는 분석이다. 닛칸스포츠의 한 기자는 '젊은 시절 마음껏 연애를 할 수 없었던 일본의 40, 50대 중년 여성들이 배용준을 보며 하나같이 연애 감정에 젖는다고 한다.' 며, 〈겨울연가〉가 한동안 일본에서 자취를 감춘 복고 정서를 다시 일깨우는 기폭제가 되었다고 분석했다. 불황에 지친 일본인들이 고도 성장기였던 1950~70년대를 그리워하는 정서와 맞아 떨어졌다는 해석이다. 이밖에 10년 전에 영화 〈메디슨 카운티의 다리〉에 대해 보여주었던 일본인 특유의 집단적 열광도 요인으로 입에 오르내린다.

13 [논제[다음 〈제시문 1〉에 나타난 문화의 속성을 토대로 〈제시문 2〉와 〈제시문 3〉을 읽고, 디지털 문명 시대에서의 세계화와 문화에 대한 자신의 의견을 논술하시오.

한국외대 대입 논술고사 문제

〈제시문 1〉

우리는 어떻게 한 문화를 터득하게 되는가? 우선 우리는 인류학적 의미에서의 출생지와 부모의 언어, 일련의 사고방식, 관습 및 관례 등을 유산으로 물려받는다. 물론 이것만으로는 문화인이 되기에 충분하지 않다. 사실인즉, 문화는 고립되는 바로 그 순간부터 숨을 쉬지 못하고 죽게 된다. 그것은 문화라는 것이 본질적으로 어느 한 지점에서 발생하여 조금씩 이웃 문화들을 새로이 만나게 되는 여정의 결과물로 형성되기 때문이다.

한 문화에서 다른 문화에 이르는 이 여정에는 여러 가지 장애물이 놓여 있다. 흔히 그러하듯, 우리의 기대에 부응하지 않는 타인과 사귀기란 어려운 일이다. 또한 그의 언어, 사고나 관습을 이해하는 것도 쉬운 일이 아니다. 그럼에도 불구하고 우리는 이 여행에서 어떤 매력을 느낄 수 있으며, 우리에게 낯선 관습도 발견할 수 있다. 브라질의 수공업 제품보다 더 아름다운 것이 어디 있고, 일본 문화 또한 그 나름대로 얼마나 섬세한가? 문화는 국경을 초월하는 것이다. 퍼지고 흡수하는 것이 그의 속성이다. 프랑스는 17세기보다 더 프랑스다워 본 적이 없지만, 당대 최고의 극작가였던 몰리에르(Moliere)와 꼬르네이유(Corneille)는 각각 이탈리아와 스페인으로부터 지대한 영향을 받았었다.

오늘날 '지역 문화'와 '세계 문화', 즉 '어느 특정 사회의 구성원들이 이룩해 온 것들의 총체로서의 문화'와 '상품화된 문화' 사이에 전쟁이 벌어지고 있다는 견해는 '문화공간'이 무엇인지를 제대로 이해하지 못하는 데에서 연유한 것이다. 문화 공간이란 균일한 것이 아니다. 이 공간은 개인마다 다르고, 이 공간들 사이에는 여러 통로와 장애물이 있으며, 넘지 못할 골짜기와 산도 있다. 특히 우리 각자는 이 공간 안에 자기만의 길을 내고 지도를 그리면서, 자신만의 문화적 특수성을 확보한다.

(출처: Michel Serres [미쉘 세르, 프랑스 철학자], 'Entre Disneyland et les ayatollahs', 〈르몽드 디플로마티크〉 칼럼)

〈제시문 2〉

디지털 통신 분야에서 일어난 혁명 덕분에 지리적 시장이 사이버 스페이스로 전환되면서 인간관계를 조직할 수 있는 새로운 길들이 열렸다. 컴퓨터, 통신, 케이블 TV, 가전제품, 방송, 출판, 오락이 하나의 종합 통신망 안으로 통합되면 영리를 추구하는 기업들은 인간이 상호 교류하는 방식에 역사상 유례없는 지배력을 행사하게 된다. 벌써 20년 전에 다니엘 벨은 앞으로 나타날 시대의 성격을 '통신 서비스에 대한 지배가 권력의 원천이 되고, 통신에 대한 접속이 자유의 조건이 된다'고 진단했다.

세계 유수의 미디어 기업들은 21세기의 거의 모든 상업영역을 차지할 통신 회로와 문화 자원의 지배권을 놓고 치열한 각축전을 벌이고 있다. 20세기에는 스탠더드 오일, 듀퐁, US 스틸, 시어스 같은 기업들이 소유 가능한 제품의 생산과 판매에 전념하면서 시장의 중심부를 차지했다. 그러나 21세기에는 디즈니, 타임워너, 베르텔스만, 비아컴, 소니, 뉴스 코퍼레이션, TCI, 제너럴 일렉트릭, 폴리그램, 시그램 같은 기업들이 글로벌 미디어 시장을 지배하면서 대중이 문화 자원과 상품화된 경험에 접속하기 위한 조건을 규정

할 것이다. (중략)

글로벌 미디어 기업들은 통신 인프라뿐 아니라 포털과 관문에 대한 접속권, 나아가 인터넷에서 유통되는 문화 콘텐츠까지 거머쥠으로써 전무후무한 권력을 누리게 된다. (중략)

세계 통신·방송망의 규제 완화와 상업화가 가속화되면서, 국민 국가는 자국 영토 안에서 통신을 감독하고 통제할 수 있는 능력을 상실해 가고 있다. 글로벌 미디어 기업은 정치적 국경선을 가뿐히 뛰어넘는 통신망을 전 세계에 깔고 있으며, 이 과정에서 정치의 근본적 성격까지 바꾸어 놓고 있다.

(출처: Jeremy Rifkin [제러미 리프킨, 미국의 사회비평가],
The Age of Access, 한국어판 『소유의 종말』)

〈제시문 3〉

세계화, 국제화, 획일화라고도 불리는 미국화를 거부하는 것은 정치적, 경제적, 문화적으로 정당성이 있을 수 있다. 그러나 미국화를 부정하기 위해서는 반미적 자세보다는 미국의 있는 그대로의 모습을 알려고 하는 자세가 더 필요하다. 미국을 모든 가능한 미래의 용광로로 바라본다는 것은 그래도 미국의 모든 것이 다 나쁜 것은 아니며, 때때로 미국으로부터 배우고 숙고할 만한 교훈도 있음을 인정하는 것이다. 몇 가지 예를 들어보면, 실업을 해소하기 위한 노동시장의 효율성, 기업경영의 효율성, 자율화된 대학의 우수성, 여러 인종의 문화적 다양성에 대한 존중 등이 그것이다.

우리는 미국의 다문화주의와 그에 따른 다양한 정치적 성향의 목소리를 비웃곤 한다. 미국문화의 결점만을 비난하려는 초보적 반미주의가 미국인들의 삶의 방식이 지니고 있는 진실과 유용성을 보지 못하게 하는 것이다. 물론 다문화주의나 다양한 목소리도 부작용이 있기는 하지만, 동시에 인종과 성의 차이를 존중하도록 해 준다. 이는 관용과 예의를 가르쳐 주는 좋은 본보기다. 우리가 미국인들과 같은 관심과 애정으로 장애자들을 대할 때, 미국 목사들의 차별주의를 비난할 수 있을 것이다. 또한 남성들이 여성들의 존엄성을 인정할 때, 미국의 과도한 여권운동을 조롱할 수 있을 것이다. 그리고 미국만큼 소수민족의 문화를 이해하려고 노력할 때, 소수민족 우대정책에 반대하는 미국인들에 대해 우리도 비로소 이의를 제기할 수 있을 것이다.

(중략)

극도의 무지에 기인하거나 기회주의에 편승한 반미주의자들만이 미국이 제시하는 다양한 문화적 가능성을 문화전쟁으로 왜곡시키지만, 미국은 세속적인 것에서 고상한 것까지, 상업적인 것에서 비상업적인 것까지, 세계주의자에서 지역주의자까지, 유일신주의에서 다신주의에 이르기까지 선택의 폭이 넓은 나라이다. 게다가 사람들은 컴퓨터와 텔레비전의 결합을 통해 다양한 접속 채널을 확보함으로써, 동일한 메뉴로부터도 자신만의 독자적인 프로그램을 구축할 수 있게 된다.

어떤 점에서 이와 같은 시나리오가 한 국가의 문화적 정체성에 대해 위협이 되겠는가? 오히려 이와 같은 시나리오를 따름으로써, 이미 뿌리내린 고유문화에 다원화된 문화가 접합된 새로운 사회로 나아가는 길이 열릴 수 있을 것이다.

(출처: Guy Sorman

[기 소르망, 프랑스 사회비평가], Le monde est ma tribu)

중앙대 대입 논술고사 문제

(가)

부처의 가르침의 근본적인 세 가지 진리를 살펴보면 다음과 같다. 첫째, 모든 삶은 고통이다. 둘째, 삶의 기원과 고통의 원인은 욕망이다. 셋째, 욕망을 제거함으로써 고통을 제거할 수 있다. 이는 곧 삶=욕망=고통이라는 등식으로 설명될 수 있다. 실제로 인간과 동물 등 모든 살아 있는 존재에서 볼 수 있듯이, 삶이란 살고자 하는 맹렬한 욕망, 다른 생물체로부터 자신을 보호하고 스스로 먹이를 구하고자 살생을 하려는 욕망에 의해 지탱되는 것이다. 존재 안에 지속적으로 남아 있으려는 욕망, 세상과 떨어져 한 개체로서 남아 있으려는 욕망, 서구인들이 말하는 개인화의 욕망이 근본적인 욕망이다.

다른 한편, 욕망이란 결코 충족될 수 없고, 우리는 채워지지 않는 욕망으로 고통스러워한다. 게다가 살아 있는 생명체들이 자기 몫으로 지니는 병과 노쇠함으로 인한 육체적인 고통은 채워지지 않는 욕망에서 오는 고통을 배가시킨다.

간단히 말해, 사물을 명철하게 바라본다면, 삶이란 근본적으로 고통이다. 삶에 참다운 환희의 순간은 매우 드물다. 하지만 분명한 것은 인간은 모든 욕망의 만족을 통해서 언젠가 행복에 이를 수 있다는 희망을 갖는다는 점이다. 그렇지만 이것이 우리로 하여금 살아가게 하는 동인(動因)이긴 하나 헛된 환상에 불과하다. 그러므로 인간이 해야 하는 일은, 고통에서 벗어나는 것이다. 그렇다면 우리는 어떻게 해야 하나? 논리적 해법에 따르면, 살고자 하는 욕망, 행복하고자 하는 욕망을 포함한 인간의 모든 욕망을 제거하는 것으로 충분하다. 인간이 이 경지에 이른다면 욕망과 고통에서 해방될 것이다. 그리고 우리는 해방의 상태이자 무고통과 행복의 상태인 이른바 '니르바나'의 경지에 도달할 것이다.

(나)

대다수의 인간들은 철학적 사유와 성찰을 회피한다. 그들에게 행복의 길은—적어도 그 방향성에 있어서—단순하다. 행복에 이르기 위해 사람들은 물질적 욕망과 만족, 즉 인간이 원하는 모든 것을 어느 정도 축적하기만 하면 되는 것이다.

그런데 우리는, 행복해지기 위해 필요한 모든 상품을 생산하고, 경제 행위의 주체에 상품(물건과 서비스의 형태로)을 제공하는 것을 임무로 삼는 선진화된 산업 사회에 살고 있다. 진정한 문제는 이러한 물질을 획득하는 방법에 있다. 이 정도 삶의 상태나 수준도 커다란 행운이라고 말할 수 있다. 오늘날 우리가 살고 있는 자유주의 사회는 전반적인 부의 증식을 목적으로 삼고 그 반대급부로 개인적 생활수준의 향상을 도모한다.

그리하여 행복해지기 위해 욕망을 가져야 하고 특히 그것을 마음껏 충족시킬 힘을 지녀야 한다. 사실상 욕망의 실현은 만족(이러한 만족의 축적은 바로 행복을 뜻한다)을 가져다 주는 반면, 충족되지 않은 욕망은 인간을 고통스럽게 만든다. 내가 더 많은 욕망을 지닐수록, 그리고 욕망을 채울 능력이 크면 클수록, 나는 더 행복해질 수 있기 때문에 욕망이란 좋은 것으로 여겨진다. 바로 이것이 소비사회의 이상 또는 이데올로기이다.

소비사회는 물질적 안락을 가져다 준다는 구실 아래 끊임없이 새로운 상품과 새로운 욕망을 창출하고, 새로운 욕망을 유발하기 위해 광고라는 특별한 테크닉을 구사하고 있다. 그런데 인간이 많은 욕망을 추구하는 것(그만큼 많이 향유할 수 있기 때문에)을 좋다고 생각하지 않는다면, 자꾸 새로운 욕망의 대상을 만들어 낸다는 것은 어리석은 짓이다. 왜냐하면 인간이 새로운 욕망의 대상에 다다를 수 없다면, 그것은 또 다른 좌절감을 낳게 할 것이기 때문이다.

'욕망한다는 것은 좋은 것이다.' 이것은 바로 현대 사회의 믿음이자 슬로건이다. 인간은 근본적으로 욕망의 동물이고, 각 개인은 그들이 지니는 욕망으로 차별화되고 정의되기 때문이다. 인간은 욕망을 통해서 자신의 개성을 확인하므로, 교육이 어린이의 욕망을 계발해야 하는 이유—욕망의 계발이 그의 존재를 마음껏 꽃피우게 하기 위해—가 여기에 있다.

【문제】

위의 (가)글과 (나)글은 각각 욕망의 억제, 욕망의 추구를 정당한 태도라고 주장하고 있다. 하지만 오늘의 우려되는 사회적 추세에 비추어 볼 때 이 두 가지 태도 중 어느 한 쪽을 견지하는 것보다는 그 둘의 적절한 조화를 통해 삶의 행복을 찾는 것이 인간 사회의 고상하고 진정한 발전을 위해 바람직한 방향이라 할 것이다. 어느 한 쪽으로 치우치는 태도의 문제점들을 지적하고, 인간 욕망의 절제라는 과제에 대하여 논술하시오.

15 [문제] 다음 글 (가)에 제시된 오늘날의 상황을 분석하고, 그러한 상황에서 일어날 수 있는 문제적 현상을 구체적으로 들어, 그 현상을 해소하거나 줄이는 데에 글 (나)의 글쓴이가 말하고자 하는 시각이나 태도가 어떤 의의를 갖는지 논술하시오.

부산대 대입 논술고사 문제

(가)

　먼 곳에서 일어나는 일들이 이제는 강 건너 불이 아니다. 유럽에서의 에어졸 사용은 남아메리카에서 피부암을 일으킬 수 있다. 러시아의 흉작은 아프리카의 기아를 의미할 수 있다. 북아메리카의 경기 침체는 아시아의 일자리를 없앨 수 있다. 아프리카에서 분쟁이 일어나면 망명을 원하는 사람들이 더 많이 유럽으로 몰려든다. 동유럽의 경제난은 서유럽에서의 외국인 혐오증으로 이어질 수 있다. 이와 마찬가지로 동아시아의 경제적 활력은 미국의 고용에 활기를 불어 넣어줄 수 있다. 유럽에서 관세율을 조정하면 열대림에 가해지는 압박이 완화될 수가 있다. 북쪽 국가들의 산업 구조 개편은 남쪽 국가들에서의 가난을 감소시켜 주고 다시 북쪽 국가들의 시장을 확장시켜 줄 수가 있다. 거리가 축소되고, 관계가 많아지고, 상호 의존이 심화된다. 이러한 요인들 및 그것들의 상호 작용으로 말미암아 세계가 하나의 이웃으로 바뀌고 있는 것이다. (……)

　새로 출현하는 지구촌 이웃은 우정과 이해 관계의 새로운 유대를 만들고 있지만, 또한 새로운 긴장을 조성하고 있기도 하다. 사람들이 서로 빈번하게 부딪히게 되자, 별 것 아닌 차이도 더 두드러지고 또 분쟁거리가 되기도 한다. 사람들이 여태까지 이렇게 많은 공통점을 가졌던 적도 없지만, 사람들을 갈라놓는 것이 이렇게 확실했던 적도 없다.

(나)

본 것이 적은 사람은 해오라기를 가지고 까마귀를 비웃고 물오리를 들어서 학의 자태를 위태롭게 여긴다. 그 사물 자체는 전혀 괴이하다 생각하지 않는데 자기 혼자 성을 내어 꾸짖으며 한 가지라도 제 소견과 다르면 천하 만물을 다 부정하려고 덤벼든다. 아아! 저 까마귀를 보자. 그 날개보다 더 검은 색깔도 없는 것이 사실이지만 햇빛이 언뜻 흐릿하게 비치면 옅은 황금빛이 돌고, 다시 햇빛이 빛나면 연한 녹색으로도 되며, 햇빛에 비추어 보면 자줏빛으로 솟구치기도 하고, 눈이 아물아물해지면서는 비취색으로 변하기도 한다. 그렇다면 푸른 까마귀라고 불러도 옳으며 붉은 까마귀라고 불러도 역시 옳을 것이다.

사물에는 애초부터 정해진 색깔이 없건만 그것을 보는 내가 색깔을 먼저 결정하고 있다. 어찌 눈으로 색을 결정하는 것뿐이랴. 심지어 보지도 않고 미리 마음속으로 결정해 버리기도 한다. 아아! 까마귀를 검은 색깔에다 봉쇄시키는 것쯤이야 그래도 괜찮다. 이제는 천하의 모든 빛깔을 까마귀의 검은색 하나에 봉쇄시키려 한다. 까마귀가 과연 검은색으로 보이긴 하지만 소위 푸른빛, 붉은빛을 띤다는 것은 바로 검은색 가운데서 푸르고 붉은 빛이 난다는 사실을 의미함을 그 누가 알고 있으랴? 검은색을 어둡다고 보는 사람은 까마귀만 모를 뿐 아니라 검은색조차 알지 못하는 사람이다. 어째서 그러한가? 물은 검기 때문에 능히 비출 수 있고 옻칠은 까맣기 때문에 능히 비추어 볼 수 있다. 그런 까닭에 색깔이 있는 것치고 광채가 없는 것은 없고, 형체가 있는 것치고 맵시가 없는 것은 없다.

아름다운 여인을 관찰할 수 있다면 시(詩)를 알 수 있을 것이다. 여인의 고개 숙인 모습에서 그녀가 부끄러워하고 있음을 보고, 턱을 괸 모습에서 그녀가 원망하고 있음을 보고, 혼자 서 있는 모습에서 그녀가 그리워하고 있음을 보고, 눈썹을 찡그린 모습에서 그녀가 수심에 가득 차 있음을 보고, 난간 아래 서 있는 모습을 보고 그녀가 누구를 기다리고 있음을 알고, 파초 잎사귀 아래 서 있는 모습을 보고 그녀가 누구를 바라보고 있음을 알아야 한다. 만약 그녀가 재(齋)를 올리는 스님처럼 가만히 서 있지 않고 진흙 소상(塑像)처럼 우두커니 앉아 있지 않는다고 책망한다면 이는 양귀비(楊貴妃)에게 치통을 앓는다고 꾸짖고 전국 시대의 미인 번희(樊姬)에게 쪽을 찌지 말라고 금하는 꼴이며, 미인의 맵시 있는 걸음걸이를 요망하다고 나무라고 춤추는 자태를 경망하다고 질책하는 격이다. (……) 세속의 무식한 사람들은 재를 올리는 스님이나 진흙 소상처럼 미인을 가만히 고정시키려 하겠지만, 미인의 춤사위와 걸음걸이는 하루가 다르게 더욱 경쾌하고 맵시 있게 되고, 앓는 이와 쪽진 머리는 다 나름대로 자태가 있는 법이다.

16 [문제] 다음 글은 현대 사회가 당면하고 있는 문제, 그 문제와 학교교육과의 관련, 그리고 앞으로 학교교육이 수행해야 할 역할 등을 암묵적으로 시사하고 있다. 이 글의 내용에 의거하여 우리나라 학교 교육의 현실과 나아가야 할 방향을 밝히고, 그에 따른 교사의 역할이 무엇인지를 논리적으로 서술하시오.

서울교대 대입 논술고사 문제

〈제시문〉

마르틴 부버(Martin Buber)에 따르면, 세계는 중층(重層)으로 이루어져 있다고 한다. 중층의 아래층은 '나와 그것'의 세계로서 인간이 '경험'을 매개로 하여 알 수 있는 세계라면, 위층은 '나와 너'의 세계로서 인간이 '만남'을 통하여 비로소 알 수 있는 세계이다. 그러나 오늘날 우리 인간은 자신이 몸담고 있는 이 세계가 중층으로 이루어져 있다는 것을 망각한 채 '나와 그것'의 세계에 집착하며 살아가고 있는 것이 아닌가 생각된다. '나무'를 예로 들어 두 세계를 구분하여 설명하면 다음과 같다. 여기 자연 상태의 한 그루 나무가 있다고 상상해 보자. 우리는 이 나무를 하나의 풍경으로서 미적 대상으로 볼 수도 있고, 하나의 운동으로서 물리학적 대상으로 볼 수도 있을 것이며, 구조와 원소를 지닌 하나의 생명체로서 생물학이나 화학적 대상으로 볼 수도 있을 것이다.

그러나 그것들은 나무의 외형, 구조, 화학적 성분, 움직임 등에 불과한 '그것'일 뿐, 그 어느 것으로도 환원될 수 없는 나무 자체의 고유한 본질과는 애당초 거리가 멀다. 나무만의 고유한 본질은 그러한 경험적 인식의 한계를 뛰어 넘는 직접적 만남 속에서 비로소 나의 '너'로 그 모습을 드러낸다.

부버에 의하면, 만남은 개인적 경험이나 노력으로 얻어질 수 있는 것이라기보다는 주체와 객체가 분리되지 않은, 마치 신의 은총처럼 선험적으로 주어지는 직관적 판단에 가까운 것이다. 만남은 영혼의 한가로움 속에서 존재를 있는 그대로 받아들이는 영적 합일(合一) 또는 고양(高揚)을 의미한다.

만남은 『어린 왕자』에 나오는 여우와 왕자의 조우(遭遇)에 잘 형상화되어 있다. 왕자가 여우한테 사귀자고 제안했을 때 여우는 자신은 아직 길들여지지 않았기 때문에 친구가 될 수 없다는 말을 한다. 여우에 따르면, 서로를 길들인다는 것은 곧 '관계맺음'인데 이것이야말로 서로를 진정으로 알게 하는 것이라는 것이다.

이러한 '관계맺음'은, 『어린왕자』책 전체의 취지에서 알 수 있듯이, 단순히 인식의 문제에 그치는 것이 아니라 인간의 존재 또는 삶의 방식에 관한 문제의식을 담고 있다. 다시 말하면, 우리가 세계를 어떻게 인식하는가 또는 우리가 세계와 어떤 관계를 맺는가 하는 것은 어떤 삶이 올바른 삶인가 하는 문제와 결코 무관하지 않다는 것이다.

현대인들은 생산이든 소비든 간에 무엇인가를 써먹기에 바빠서 위에서 말한 '나와 너'의 세계를 망각하며 살아가고 있다. 아마도 이러한 현실은 오늘날 우리 사회 전체에 만연한 학교 교육의 왜곡이나 도덕적 타락의 원인과 결코 무관하지 않을 것이다(참고: 마르틴 부버, 『나와 너』).

17 다음 제시된 상황에 대해 도움말을 참고로 논술하시오.

동국대 대입 논술고사 문제

〈제시문〉

　컴퓨터는 현대를 살아 가는 인간과 인간 사이의 관계를 단절시킨다는 견해가 있습니다. 그러나 많은 기업.조직들은 새로운 정보통신기술을 도입하기만 하면 정보화를 달성할 뿐만 아니라, 구성원들의 의사 소통이 원활해져 자연스럽게 인간 관계가 형성되리라는 생각으로 전산망을 구축하고 있습니다. 어느 기업체의 사장은 이러한 효과를 기대하고 최근 전산망을 설치한 뒤, 컴퓨터 교육까지 실시하였습니다. 그러나 그는 겨우 몇몇 사원들만이 컴퓨터를 통해 정보를 교환한다는 사실을 알고 실망하였습니다.

　이러한 결과에 대해 고심하던 사장은 신입 사원을 선발하면서 [컴퓨터통신의 사용이 새로운 인간 관계를 형성시키는가, 아니면 인간 관계의 형성이 컴퓨터통신의 사용을 촉진시키는가]라는 질문을 내놓았습니다. 이제, 여러분이 이 질문을 받는다면 어떻게 답할 것인지 자신의 생각을 정리해 보십시오.

□■참고자료

강준만, 대중매체이론과 사상(서울 : 개마고원, 2003)

김숙현, 기사, 취재에서 작성까지 (서울: 범우사, 1994)

김영주, 한국언론의 이데올로기 지형결정요인에 관한 연구 – 사회
　　　적 갈 상황에 대한 보도분석을 중심으로(서강대 대학원 석
　　　사논문, 1994)

김원용, 전자신문의 현황과 과제 (서울 : 한국언론연구원, 1990)

김준호, 민법강의(서울 : 법문사, 2003)

김희운, 사보제작 길라잡이(서울 : 도서출판 진화기획, 1998)

동경대학출판회, 편집부역, 철학사강의 (서울 : 미래사, 1985)

박갑수, '신문기사의 문체와 표현', 『신문기사의 문체』(서울 : 한국
　　　언론연구원, 1990)

박순백, 커뮤니케이션과 크로스톡16 (서울 : 서울컴퓨터프레스,
　　　1988)

박학천외, 언어논술기본(서울 :박학천논술연구소, 2006)

서정우, 신문학이론 (서울: 박영사, 1988)

송영식 · 이상정 공저, 제3판 저작권법개설(서울 : 세창출판사,
　　　2003)

신명희, 지각의 심리 (서울 : 학지사, 1995)

유평준, "정보통신기기가 한국의 정치과정에 미치는 영향", 박재창 편저, 정보사회와 정치과정(서울 비봉출판사, 1993)

윤태선외, 노트북(서울 : 문화전사, 1997)

이만기, 세상에서 가장 쉽게 배우는 논술(서울 : 미디어윌, 2005)

이오덕, 우리글 바로쓰기1, 2(서울 : 한길사, 1992)

이윤영, '한국전자신문의 여론형성 역할 연구'(서울 : 서강대 언론 대학원 석사논문, 1997)

이인식, 사람과 컴퓨터(서울 : 까치, 1992)

이재경, "뉴미디어시대의 기사문장"(요약문), 내일신문사 편집국, 내일신문 길라잡이(서울 : 내일신문사, 2000)

이주행, "기사문의 문제점과 개선방안", 『신문기사의 문체』(서울: 한국언론연구원, 1990)

이현우외11, 인터넷과 광고(서울 : 한울아카데미, 2001)

장규환, '인터넷 TV', 전자공학회지(서울 : 사단법인 대한전자공학회, 1997, 8)

정선심, 신나는 토론 즐거운 논술 상, 하(서울 : 미래M&B, 2002)

조맹기, 데이비드 흄의 커뮤니케이션관, 『한국언론학보』, 서울 : 사단법인 한국언론학회, 1998 여름호.

조혜정, '자본주의와 성문화', 『연세35』 겨울 1991.

차배근, 태도변용이론 (서울 : 나남, 1992)

______, 매스커뮤니케이션 효과이론 (서울 : 나남출판, 1995)

한국언론재단, 보도비평 : 신문의 미디어 비평- 현황과 과제 (서울 :
　　　한국언론재단, 2000)

한효석, 이렇게 해야 바로 쓴다(서울 : 한겨레신문사, 2000)

______, 너무나도 쉬운논술(서울, 한겨레신문사, 2000)

Altheide, David L, Media power(Beverly Hills, California : Sage
　　　Publications Inc., 1985)

Berger, John, 강명구 역, 영상 커뮤니케이션과 사회(서울: 나남,
　　　1993)

Burns, Alan(ed.), New information technology (Chichester :
　　　Ellis Horwood, 1984)

Diane P. Michelfelder, Richard E. Palmer, Dialogue and
　　　Deconstruction － The Gadamer － Derrida
　　　Encounter(Albany : State University of New York
　　　Press, 1989)

Gilder, George F, Life after Television, 권화섭 역, 멀티미디어시
　　　대 － 최첨단, 다기능화된 텔레퓨터의 세계 (서울 : 한국경제
　　　신문사, 1994)

Johannes Hirschberger, Geschichichte der Phillosophie, 강성위

옮김, 서양철학사 – 상권, 고대와 중세(서울 : 이문출판사, 1991)

Paul Heyer, Communication and History – Theories of Media, Knowledge, and Civilization(NewYork : GreenWood Press, 1991)

Spitzer, Media and Public policy(Westport : Praeger, 1993)

Stephen W. Littlejohn, Theories of Human Communication, 김흥규역, 커뮤니케이션이론(서울 : 나남출판, 1996)

Stove, D. C., Probability and Hume's Inductive Scepticism(Oxford University Press, 1973)

Teun A. Van Dijk, News as Discourse, LES, 1988

Tonyschwartz, Media : The second God, 심길중 역, 미디어 제2의 신(서울 : 도서출판 리을, 1994)

국내외 각종 신문, 잡지, 정기간행물.

■□ 저자 소개

이윤영(李允榮)

연세대 및 서강대 언론대학원 졸업(언론학 전공)

협성대 경영대학 광고홍보영상학부 강사

연세대 특강, 21세기한국연구소 연구위원

내일신문 수습기자

한국경제신문 자매지 정경팀장 · 정책전문기자

CJI 한국언론연구소 소장(현)

논문 및 저작 :

韓國전자신문의 여론형성역할 연구 등 다수

CJI 한국언론연구소 는 2004년 10월에 설립하여 언론체계연구를 주요 목표로 하며, 교육지표와 현 사회의 대안을 제시하는 단행본, 정기간행물 발간과 동시에 '미래지향적인 학교설립을 추구하는 연구기관' 입니다.

언론논술신서1
언론의 기초

2006년 4월 발행

2006년 4월 1쇄

저자   이윤영

발행자   이윤영

발행처   CJI 한국언론연구소

400-102 인천광역시 중구 신흥2가 37-19

전화   032-762-9983, FAX : 032-762-9983

등록   제 349-2005-7 호

홈페이지   www.cjinstitue.org

대표 e-mail   webmaster@cjinstitue.org

ISBN 89-957886-1-5

값9,000원